ⓦ 완자

공부력

Ⓠ 왜 공부력을 키워야 할까요?

쓰기력

정확한 의사소통의 기본기이며 논리의 바탕

연필을 잡고 종이에 쓰는 것을 괴로워한다!
맞춤법을 몰라 정확한 쓰기를 못한다!
말은 잘하지만 조리 있게 쓰는 것이 어렵다!
그래서 글쓰기의 기본 규칙을 정확히 알고
써야 공부 능력이 향상됩니다.

어휘력

교과 내용 이해와 독해력의 기본 바탕

어휘를 몰라서 수학 문제를 못 푼다!
어휘를 몰라서 사회, 과학 내용 이해가 안 된다!
어휘를 몰라서 수업 내용을 따라가기 어렵다!
그래서 교과 내용 이해의 기본 바탕을
다지기 위해 어휘 학습을 해야 합니다.

독해력

모든 교과 실력 향상의 기본 바탕

글을 읽었지만 무슨 내용인지 모른다!
글을 읽고 이해하는 데 시간이 오래 걸린다!
읽어서 이해하는 공부 방식을 거부하려고 한다!
그래서 통합적 사고력의 바탕인 독해 공부로
교과 실력 향상의 기본기를 닦아야 합니다.

계산력

초등 수학의 핵심이자 기본 바탕

계산 과정의 실수가 잦다!
계산을 하긴 하는데 시간이 오래 걸린다!
계산은 하는데 계산 개념을 정확히 모른다!
그래서 계산 개념을 익히고 속도와 정확성을
높이기 위한 훈련을 통해 계산력을 키워야 합니다.

세상이 변해도
배움의 즐거움은
변함없도록

시대는 빠르게 변해도
배움의 즐거움은
변함없어야 하기에

어제의 비상은
남다른 교재부터
결이 다른 콘텐츠
전에 없던 교육 플랫폼까지

변함없는 혁신으로
교육 문화 환경의 새로운 전형을
실현해왔습니다.

비상은 오늘, 다시 한번
새로운 교육 문화 환경을 실현하기 위한
또 하나의 혁신을 시작합니다.

오늘의 내가 어제의 나를 초월하고
오늘의 교육이 어제의 교육을 초월하여
배움의 즐거움을 지속하는 혁신,

바로, 메타인지학습을.

상상을 실현하는 교육 문화 기업 비상

메타인지학습
초월을 뜻하는 meta와 생각을 뜻하는 인지가 결합된 메타인지는
자신이 알고 모르는 것을 스스로 구분하고 학습계획을 세우도록 하는
궁극의 학습 능력입니다. 비상의 메타인지학습은 메타인지를 키워주어
공부를 100% 내 것으로 만들도록 합니다.

완자

W 완자

공부력

초등 국어
독해 5B

초등 국어 독해
5A, 5B, 6A, 6B 글감 구성

과목별 공부 영역을 반영한 글감을 통해
풍부한 배경지식과 독해 실력을 키워요!

특징과 활용법

✳ 글을 읽고 문제를 풀면서 독해 능력을 키워요.

✳ [글 내용 한눈에 보기]를 통해 글의 구조를
파악하는 능력을 길러요.

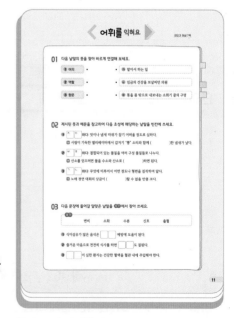

✳ 글에 나온 어휘를 다양한 문제를
통해 재미있게 익혀요.

✔ 책으로 하루 4쪽 공부하며, 초등 독해력을 키워요!
✔ 모바일앱으로 공부한 내용을 복습하고 몬스터를 잡아요!

공부한 내용 확인하기

모바일앱으로 복습하기

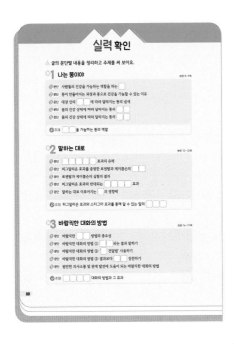

앱 다운받기

책 인증하기

✳ 20일 동안 공부한 내용을 정리 💡
해 보며 자기의 실력을 확인해요.

✳ 그날 배운 내용을 바로바로,
또는 주말에 모아서 복습하고,
다이아몬드 획득까지! 💎
공부가 저절로 즐거워져요!

차례

우리도 하루 4쪽 공부 습관!
스스로 공부하는 힘을
키워 볼까요?

큰 습관이
지금은 그 친구를 이끌고 있어요.
매일매일의 좋은 습관은 우리를 좋은
곳으로 이끌어 줄 거예요.

한 친구가
작은 습관을 만들었어요.

매일매일의 시간이 흘러
작은 습관은 큰 습관이 되었어요.

나는 똥이야

1 안녕? 나는 똥이야. 다들 나를 냄새나고 지저분하다고 생각할 거야. 하지만 나는 사람들의 건강을 가늠하는 중요한 역할을 해. 내 상태를 통해 사람들의 건강이 어떤지 알 수 있거든. 그러니까 건강을 위해서라도 나를 더럽다고만 여기지 말고, 잠시 내 이야기를 들어 볼래?

2 내가 어디에서 왔는지는 알고 있니? 나는 사람들이 먹은 음식물이 몸의 각 부분에 영양분을 전해 주고 남은 찌꺼기야. 음식물은 입으로 들어와서 항문을 통해 몸 밖으로 나갈 때까지 몸 안에 있는 여러 소화 기관을 지나게 돼. 위와 십이지장을 거쳐 음식물이 소장으로 오면, 소장은 영양분을 최대한 흡수하고 음식물 찌꺼기를 대장으로 보내. 대장에서 이 찌꺼기의 수분을 흡수하면 찌꺼기는 한데 모여 덩어리가 되는데, 그 덩어리가 항문으로 나온 것이 바로 똥이야. 이렇게 음식물이 몸속의 여러 소화 기관을 거치면서 똥이 만들어지기 때문에 몸속 어딘가에 이상이 생기면 똥의 냄새, 색깔, 모양, 굵기, 단단한 정도 등에 변화가 나타나게 돼.

3 '똥' 하면 사람들이 제일 먼저 떠올리는 것은 지독한 냄새일 거야. 똥에서 냄새가 많이 나는 이유는 대장 속에 사는 세균이 음식물 찌꺼기를 분해하는 과정에서 냄새나는 물질과 가스를 만들기 때문이야. 대장 안에는 음식물 찌꺼기를 먹고 사는 여러 세균이 있는데, 만약 우리 몸에 유익한 세균이 많다면 똥 냄새가 덜 나지만 반대로 유해한 세균이 많다면 똥 냄새가 지독해져. 그래서 건강한 똥에서는 냄새가 거의 나지 않고, 나더라도 그다지 독하지 않아.

4 냄새 말고 똥의 색깔로도 건강을 알 수 있어. 무엇을 먹었는지에 따라 조금씩 달라질 수 있지만 건강한 똥은 황갈색에 가까워. 소화를 돕는 액체인 쓸개즙이 음식물과 섞이면서 황갈색이 되거든. 똥 색깔이 황갈색에서 크게 벗어나지 않으면 건강한 거야. 그런데 똥이 붉은색이나 검은색을 띤다면 건강에 문제가 있을 수 있어. 소화 기관 어딘가에서 출혈이 있었다는 신호일 수도 있거든. 똥이 흰색에 가까운 색을 띤다면 간이나 쓸개에 문제가 있는 거야. 이럴 땐 반드시 병원에 가야 해. 그리고 변비처럼 대장에서 똥이 오래 머물러 있다 보면 수분이 너무 많이 흡수되어서 색깔이 진한 황갈색이 돼. 변비에 걸려서 똥이 몸속에 오래 있으면 불필요한 찌꺼기까지 흡수하기 때문에 건강에 좋지 않아.

5 똥의 모양도 중요해. 건강한 똥은 바나나 모양으로, 적당히 굵고 적당히 단단해. 똥의 굵기가 갑자기 가늘어지면 대장에 이상이 생겨서 똥이 지나는 통로가 좁아졌을 가능성이 있으니 조심하렴. 또 계속 설사를 한다면 유해한 세균이 대장에 침입했거나 대장의 운동에 이상이 생겼다는 신호야. 이럴 때에는 원인을 찾아 치료를 해야 해. 반대로 변비가 심해서 딱딱한 똥을 눈다면 물과 채소를 많이 먹고, 운동을 해서 대장을 자극하는 것이 좋아. 옛날에는 궁궐의 의사인 어의가 아침마다 왕이 싼 똥의 냄새와 색깔을 확인했다고 해. 똥을 보고 왕의 건강을 살핀 거지. 너희도 똥을 더럽다고만 여기지 말고 건강의 신호등으로 생각해 주길 바랄게. 그럼 안녕!

◆ **가늠하는**: 무엇에 미루어서 어떤 정도나 형편을 짐작하여 아는
◆ **항문**: 똥을 몸 밖으로 내보내는 소화기 끝의 구멍
◆ **분해하는**: 결합되어 있는 물질을 여러 구성 물질들로 나누는
◆ **어의**: 임금의 건강을 보살피던 의원

⟩⟩ 글 내용 한눈에 보기 ●●●

똥의 역할	사람들의 **1** ㄱ ㄱ 을 가늠함	
	건강한 똥	**건강하지 않은 똥**
똥의 **2** ㄴ ㅅ	냄새가 거의 나지 않고, 나더라도 그다지 독하지 않음	똥 냄새가 지독함
똥의 색깔	**3** ㅎ ㄱ ㅅ 에 가까움	• 붉은색이나 검은색: 소화 기관에 출혈이 있을 수 있음 • 흰색: 간이나 쓸개에 문제가 있음 • 진한 황갈색: 똥이 대장에서 오래 머묾
똥의 모양	• **4** ㅂ ㄴ ㄴ 모양임 • 적당히 굵고 적당히 단단함	• 굵기가 갑자기 가늘어진 똥 • **5** ㅅ ㅅ 나 변비

글을 이해해요

내용 이해

01 똥에 대한 설명이 맞으면 ◯, 틀리면 ✕ 표시를 하세요.

1 똥은 음식물이 몸의 각 부분에 영양분을 전해 주고 남은 찌꺼기이다. [◯ / ✕]

2 똥이 몸속에 오래 있으면 영양분을 충분히 흡수할 수 있기 때문에 건강에 좋다.

[◯ / ✕]

내용 이해

02 똥에 대한 설명으로 알맞지 <u>않은</u> 것은 무엇인가요? [🖉   ]

① 건강한 똥은 바나나처럼 생겼다.
② 똥의 색은 먹은 것에 따라 조금씩 달라진다.
③ 대장에 유해한 세균이 많으면 똥 냄새가 적게 난다.
④ 계속 설사를 한다면 대장의 운동에 이상이 생겼을 수 있다.
⑤ 똥은 여러 소화 기관을 지나 항문을 통해 몸 밖으로 나간다.

내용 추론

03 의사 선생님이 다음과 같이 진단을 내렸습니다. 어떤 똥을 보고 진단한 것인지
보기에서 알맞은 기호를 골라 쓰세요.

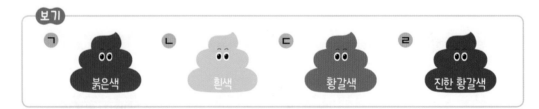

보기
ㄱ 붉은색   ㄴ 흰색   ㄷ 황갈색   ㄹ 진한 황갈색

1 소화도 잘되고 아주 건강하네요. [   ]

2 소화 기관에 출혈이 있을지도 모릅니다. [   ]

3 똥을 누는 데 어려움이 있네요. 물과 채소를 많이 드세요. [   ]

중심 내용 쓰기

04 이 글의 중심 내용을 한 문장으로 완성해 보세요.

> 몸속 어딘가에 이상이 생기면 똥의 🖉_____ 등에 변화가 생
> 기므로, 똥은 사람들의 🖉_____ 역할을 한다.

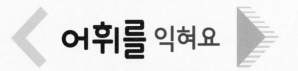

01 다음 낱말의 뜻을 찾아 바르게 연결해 보세요.

1 어의	•		•	ㄱ 맡아서 하는 일
2 역할	•		•	ㄴ 임금의 건강을 보살피던 의원
3 항문	•		•	ㄷ 똥을 몸 밖으로 내보내는 소화기 끝의 구멍

02 제시된 뜻과 예문을 참고하여 다음 초성에 해당하는 낱말을 빈칸에 쓰세요.

1 ㅈ ㄷ 하다: 맛이나 냄새 따위가 참기 어려울 정도로 심하다.

예 사람이 가득한 엘리베이터에서 갑자기 "뿡" 소리와 함께 (   )한 냄새가 났다.

2 ㅂ ㅎ 하다: 결합되어 있는 물질을 여러 구성 물질들로 나누다.

예 산소를 얻으려면 물을 수소와 산소로 (   )하면 된다.

3 ㄱ ㄴ 하다: 무엇에 미루어서 어떤 정도나 형편을 짐작하여 알다.

예 노래 경연 대회의 상금이 (   )할 수 없을 만큼 크다.

03 다음 문장에 들어갈 알맞은 낱말을 보기 에서 찾아 쓰세요.

보기

| 변비 | 소화 | 수분 | 신호 | 출혈 |

1 식이섬유가 많은 음식은 [ ] 예방에 도움이 된다.

2 즐거운 마음으로 천천히 식사를 하면 [ ]도 잘된다.

3 [ ]이 심한 환자는 건강한 혈액을 혈관 내에 주입해야 한다.

말하는 대로

1 피그말리온은 그리스 신화에 나오는 인물로, 키프로스의 왕이자 유명한 조각가였다. 그는 상아로 아름다운 여인상을 조각하여 그 작품에 갈라테이아라는 이름을 붙였다. 이 여인상은 살아 있는 인간으로 착각할 정도로 정교하게 만들어졌고, 살아 있는 그 어떤 여자와도 비교할 수 없을 정도로 아름다웠다. 피그말리온은 이 여인상을 사랑하게 되었고, 여인상이 실제로 사람이 되기를 간절히 기도하였다. 결국 피그말리온의 간절한 기도에 감동한 아프로디테 여신이 여인상에 생명을 불어넣어 주었다. 피그말리온의 간절한 소원이 이루어진 것처럼 '무언가를 간절히 원하면 기대하였던 바가 실제로 이루어지는 경우'를 가리켜 '피그말리온 효과'라고 부른다.

2 1968년에 미국에서 이 피그말리온 효과를 증명하는 실험을 하였다. 실험자는 하버드 대학교 사회 심리학과 교수인 로버트 로젠탈과, 미국에서 20년 이상 초등학교 교장을 지낸 레노어 제이콥슨이었다. 그들은 먼저 미국 샌프란시스코의 한 초등학교에서 전교생을 대상으로 지능 검사를 실시한 후, 검사 결과와는 상관없이 반마다 임의로 20% 정도의 학생을 선정하였다. 그리고 교사에게 이 학생 명단을 주면서 '지적 능력이나 학업 성취의 향상 가능성이 높은 학생들'이라고 거짓 정보를 제공하였다.

3 몇 개월이 지난 후 같은 초등학교에서 다시 지능 검사를 실시하였다. 놀랍게도 명단에 있던 학생들의 지능 검사 점수가 평균보다 높게 나왔고, 학교 성적도 크게 향상되었다. 왜 이런 결과가 나왔을까? 교사들은 명단에 오른 학생들에게 특별한 기대감을 표시하고 격려를 해 주었고, 이에 자극을 받은 학생들은 교사의 기대에 부응하려고 노력하였다. 그 결과 임의로 선정되었던 학생들이지만 실제로 지적 능력이 향상되고 성적도 우수해진 것이다. 로젠탈과 제이콥슨은 이 실험을 통하여 교사의 긍정적인 기대와 관심이 학생들에게 긍정적인 영향을 준다는 것을 확인하였다.

4 '피그말리온 효과'가 긍정적인 기대나 관심을 받으면 긍정적으로 행동하게 되는 현상을 나타낸다면 '스티그마 효과'는 이와 반대의 경우를 일컫는다. 즉, 다른 사람들에게 무시당하고 부정적인 평가를 받으면 나쁜 행동을 하게 된다는 것이다. 사람은 남들이 자신을 긍정적으로 생각해 주면 그 기대에 부응하려고 노력하게 되지만, 반대로 남들이 자신을 부정적으로 평가하고 낙인찍으면 점점 더 나쁜 행동을 하게 된다.

5 우리 속담에 '말이 씨가 된다'라는 말이 있다. 늘 말하던 것이 실제로 이루어질 수 있으니 말조심을 하라는 의미이다. 앞에서 살펴본 것처럼 말이 미치는 영향력은 매우 크다. 따라서 다른 사람을 무시하거나 비난하는 말, 조롱을 담은 말은 삼가야 한다. 이는 자기 자신에게도 마찬가지이다. 자신을 무시하고 비하하는 말 대신 "나는 나를 믿어.", "나는 잘할 수 있어."와 같이 존중과 기대를 담은 긍정적인 말을 하는 것이 중요하다. 이러한 말 하나하나가 모여 결국 좋은 결과로 이어질 수 있기 때문이다. 사람은 결국 생각한 대로, 말하는 대로 이루어진다는 것을 기억하자.

◆ **상아**: 비싼 장신구나 조각에 쓰이는, 코끼리의 입에서 길게 뻗어 나온 두 개의 이
◆ **정교하게**: 꾸미거나 만든 모양이 아주 작은 부분에 이르기까지 정성과 기술을 들여 놀랄 만하게
◆ **임의**: 일정한 기준이나 원칙 없이 하고 싶은 대로 함
◆ **부응하려고**: 어떤 요구나 기대 따위에 맞추어 따르려고
◆ **낙인찍으면**: 벗어나기 어려운 부정적 평가를 내리면

❱❱ 글 내용 한눈에 보기 ●●●

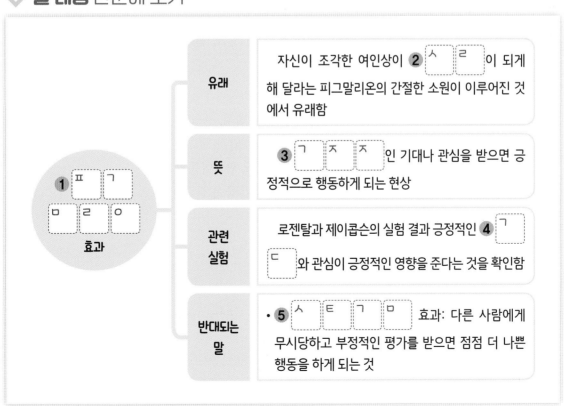

글 내용 한눈에 보기

① ㅍㄱ ㅁㄹㅇ 효과

유래: 자신이 조각한 여인상이 **② ㅅㄹ**이 되게 해 달라는 피그말리온의 간절한 소원이 이루어진 것에서 유래함

뜻: **③ ㄱㅈㅈ**인 기대나 관심을 받으면 긍정적으로 행동하게 되는 현상

관련 실험: 로젠탈과 제이콥슨의 실험 결과 긍정적인 **④ ㄱ ㄷ**와 관심이 긍정적인 영향을 준다는 것을 확인함

반대되는 말: • **⑤ ㅅㅌㄱㅁ** 효과: 다른 사람에게 무시당하고 부정적인 평가를 받으면 점점 더 나쁜 행동을 하게 되는 것

내용 이해

01 이 글에 대한 설명이 맞으면 ◯, 틀리면 ✕ 표시를 하세요.

1 피그말리온은 사랑하는 사람을 모델로 하여 여인상을 조각하였다. [◯ / ✕]

2 스티그마 효과는 다른 사람들에게 부정적인 평가를 받으면 부정적인 행동을 하게 된다는 것이다. [◯ / ✕]

내용 이해

02 로젠탈과 제이콥슨의 실험에 대한 내용으로 알맞지 <u>않은</u> 것은 무엇인가요?

[ ]

① 동일한 초등학교의 전교생을 대상으로 실험을 하였다.
② 교사에게는 일부러 학생에 대한 거짓 정보를 제공하였다.
③ 피그말리온 효과가 현실에서 충분히 일어날 수 있음을 증명하였다.
④ 긍정적인 기대와 관심이 상대에게 좋은 영향을 미친다는 것을 밝혀내었다.
⑤ 명단에 오른 학생들은 실제로 지적 능력이나 학업 성취의 향상 가능성이 높았다.

내용 비판

03 글쓴이가 이 글을 통해 독자에게 하고자 한 말로 알맞은 것은 무엇일까요?

[ ]

① 존중과 기대를 담은 말은 친한 사람에게만 하자.
② 말이 씨가 될 수 있으므로 되도록 말을 많이 하자.
③ 다른 사람의 기대에 꼭 부응하려고 노력하지 말자.
④ 다른 사람의 평가에 신경 쓰며 부정적인 말도 귀담아듣자.
⑤ 나 자신과 다른 사람에게 긍정적인 말을 하여 좋은 결과를 얻자.

중심 내용 쓰기

04 이 글의 중심 내용을 한 문장으로 완성해 보세요.

> 말하는 대로 이루어지는 ✎_____ 효과와 스티그마 효과를 통해 알 수 있듯이 ✎_____은 매우 크다.

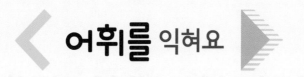
01 다음 낱말의 뜻을 찾아 바르게 연결해 보세요.

1 상아 •

2 성취 •

3 임의 •

• ㄱ 목적한 바를 이루는 것

• ㄴ 일정한 기준이나 원칙 없이 하고 싶은 대로 함

• ㄷ 비싼 장신구나 조각에 쓰이는, 코끼리의 입에 서 길게 뻗어 나온 두 개의 이

02 제시된 뜻과 예문을 참고하여 다음 초성에 해당하는 낱말을 빈칸에 쓰세요.

1 ㄴ ㅇ 찍다: 벗어나기 어려운 부정적 평가를 내리다.

예 한 번 실패했다고 스스로를 패배자라고 ( )찍어서는 안 된다.

2 ㅂ ㅇ 하다: 어떤 요구나 기대 따위에 맞추어 따르다.

예 학생들의 요구에 ( )하여 체육관을 개방하기로 하였다.

3 ㅈ ㄱ 하다: 꾸미거나 만든 모양이 아주 작은 부분에 이르기까지 정성과 기술을 들여 놀랄 만하다.

예 이 시계는 매우 ( )하게 만들어져 정확하다.

03 다음 문장에 들어갈 알맞은 낱말을 보기 에서 찾아 쓰세요.

보기

격려   명단   조롱   효과

1 최종 합격자 은 홈페이지에 공지하겠습니다.

2 응원석의 관객들은 최선을 다한 선수들을 향해 를 아끼지 않았다.

바람직한 대화의 방법

❶ 우리는 가정과 학교, 그리고 사회에서 끊임없이 말을 하고 듣는다. 이러한 대화를 통해 우리는 자기 생각을 전달하고 다른 사람들과 의견을 나누며 상호 작용한다. 하지만 잘못된 대화 방법은 오히려 상대방에게 오해를 사거나 상대방과의 갈등을 불러올 수도 있다. 그러므로 대화를 할 때에는 다음과 같은 바람직한 대화의 방법을 이해하고, 이를 적절하게 활용해야 한다.

❷ 첫째, '예측되는 결과 말하기'이다. 대화를 할 때 어떤 행동이 가져올 결과를 예측하여 말하면 상대방으로 하여금 말하는 내용을 거부감 없이 받아들이게 할 수 있다. 예를 들어 습관적으로 지각을 하는 친구에게 "너는 또 늦잠 자느라 늦었니?"라고 나무라는 대신 "지각을 하면 하루를 급하게 시작하게 되고, 1교시 수업에 집중하기 힘들겠다."와 같이 지각이 가져올 결과를 말하는 것이다. 이렇게 논리적으로 말하면 상대방은 이를 비난으로 받아들이지 않고, 자신의 행동을 고치려고 할 것이다.

❸ 둘째, '"나 전달법' 사용하기'이다. '나 전달법'은 '나'를 주어로 하여 나의 생각과 감정을 솔직하게 표현하는 것이다. 상대방의 행동을 중심으로 책임을 묻거나 평가하는 의사소통 방식은 갈등을 해결하지 못하는 경우가 많다. 반면에 상대방의 행동으로 인해 내가 어떤 영향을 받고, 또 내가 어떤 감정 상태에 있는지를 설명하면 상대방의 기분을 상하게 하지 않으면서도 자신의 의견을 분명하게 전달할 수 있다. 예를 들어 친구가 교실 청소를 하지 않을 때 "너는 왜 이렇게 청소도 제대로 못 하니?"라고 말하는 대신에 "네가 청소를 하지 않으니까 내가 치워야 할 게 많아져서 힘들고 속상해. 너도 같이 해서 빨리 청소를 끝냈으면 좋겠어."라고 말하는 것이다. 그러면 상대방은 자신의 행동을 변명하려는 방어적인 태도를 보이기보다 자신의 행동에 책임을 느끼고 문제를 해결하려 할 것이다.

❹ 마지막으로 셋째, '결과보다 과정 칭찬하기'이다. 칭찬은 상대방의 자존감을 높여 주고, 일의 효율성을 높이는 좋은 대화 방법이다. 하지만 일의 과정을 무시하고 결과에 대해서만 칭찬할 때에는 부작용을 가져올 수 있다. 우리가 자주 사용하는 "머리가 똑똑하구나!", "최고가 되었네!"와 같은 말은 과정보다는 결과에 대한 칭찬이다. 반면에 "노력했구나!", "최선을 다했네!"와 같은 말은 어떤 일을 하는 과정을 칭찬한다. 결과를 칭찬받은 사람은 도전에 실패했을 때 자신이 재능 없는 사람으로 보일까 봐 도전을 피하게 되지만, 과정을

칭찬받은 사람은 자신이 기울이는 노력 그 자체에 의미를 두고 계속 도전하게 된다. 이처럼 결과 중심의 칭찬은 상대방에게 좋은 결과를 계속 내야 한다는 부담감을 주어 오히려 독이 될 수 있으므로 결과보다 과정을 칭찬하는 것이 바람직하다.

5 대화는 다른 사람과 관계를 맺고 이를 유지하고 발전시키는 데에도 중요한 역할을 한다. 앞서 살펴본 '예측되는 결과 말하기', '나 전달법' 사용하기, 결과보다 과정 칭찬하기'가 모든 대화 상황에서 쓰이는 것은 아니다. 하지만 바람직한 대화의 방법을 이해하고, 이를 대화 상황에 적절하게 활용하면 원만한 의사소통에 도움이 될 뿐만 아니라, 다른 사람과의 관계를 형성하고 발전시키는 데에도 도움이 될 것이다.

◆ **예측되는:** 앞으로 일어날 일이 미리 짐작되는
◆ **나무라는:** 잘못을 가리키며 알아듣도록 말하는
◆ **변명하려는:** 자기의 잘못이나 실수에 대해 핑계를 대며 그 까닭을 말하려는
◆ **자존감:** 스스로 자기를 소중히 대하며 품위를 지키려는 마음
◆ **부담감:** 어떤 의무나 책임 등을 떠맡은 것에 대한 무거운 느낌
◆ **원만한:** 일의 진행이나 관계가 모두에게 만족스러운

❥ **글 내용** 한눈에 보기 ●●●

대화를 할 때에는 바람직한 **1** ［ㄷ ㅎ］의 방법을 적절하게 활용해야 함

2 ［ㅇ ㅊ］되는 결과를 말함

내 생각과 감정을 솔직하게 표현하는 **3** ［ㄴ］전달법'을 사용함

결과보다 **4** ［ㄱ ㅈ］을 칭찬함

바람직한 대화의 방법을 활용하면 원만한 의사소통 및 **5** ［ㄱ ㄱ］ 발전에 도움이 됨

글을 이해해요

내용 이해

01 이 글에 대한 설명이 맞으면 ○, 틀리면 ✕ 표시를 하세요.

1 "최고가 되었네."와 같은 말은 과정보다 결과에 대한 칭찬이다. [○ / ✕]

2 바람직한 대화의 방법은 모든 대화 상황에서 공통적으로 쓰인다. [○ / ✕]

내용 이해

02 다음은 바람직한 대화의 방법을 정리한 것입니다. 빈칸에 들어갈 알맞은 말을 쓰세요.

예측되는 결과 말하기	• 방법: 대화를 할 때 어떤 행동이 가져올 **1** [ ]를 예측하여 말함 • 효과: 상대방으로 하여금 말하는 내용을 거부감 없이 받아들이게 할 수 있음
'나 전달법' 사용하기	• 방법: '**2** [ ]'를 주어로 하여 상대방의 행동으로 인해 내가 어떤 영향을 받고, 또 내가 어떤 감정 상태에 있는지를 설명함 • 효과: 상대방의 기분을 상하게 하지 않으면서도 자신의 의견을 분명하게 전달할 수 있음
결과보다 과정 칭찬하기	• 방법: 결과보다 어떤 일을 하는 과정에 대해 칭찬함 • 효과: 과정을 칭찬받은 사람은 자신이 기울이는 **3** [ ] 그 자체에 의미를 두고 계속 도전하게 됨

내용 추론

03 학교 복도에서 뛰어다니는 친구에게 '예측되는 결과 말하기'의 대화 방법을 활용하여 말한 내용으로 알맞은 것은 무엇일까요? [✎   ]

① "너는 왜 자꾸 복도에서 뛰어다니니?"
② "또 장난치느라 복도에서 뛰어다니는 거니?"
③ "복도에서 뛰어다니면 넘어져서 다칠 수 있으니 위험해."
④ "네가 복도에서 뛰어다니니 시끄러워서 내가 짜증이 나."
⑤ "복도에서 뛰어다니는 걸 보니 너 달리기를 무척 좋아하는구나!"

중심 내용 쓰기

04 이 글의 중심 내용을 한 문장으로 완성해 보세요.

> ✎ _____ 등과
> 같은 바람직한 대화의 방법을 활용하면 원만한 의사소통 및 관계 발전에 도움이 된다.

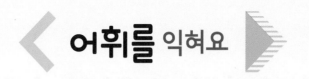

01 다음 낱말의 뜻을 찾아 바르게 연결해 보세요.

1 부담감 •
2 자존감 •
3 의사소통 •

• ㄱ 가지고 있는 생각이나 뜻이 서로 통함

• ㄴ 스스로 자기를 소중히 대하며 품위를 지키려는 마음

• ㄷ 어떤 의무나 책임 등을 떠맡은 것에 대한 무거운 느낌

02 제시된 뜻과 예문을 참고하여 다음 초성에 해당하는 낱말을 빈칸에 쓰세요.

1 ㅇㅊ 되다: 앞으로 일어날 일이 미리 짐작되다.
예 이번 주말에는 많은 양의 비가 내릴 것으로 (   )되고 있다.

2 ㄴㅁㄹ 다: 잘못을 가리키며 알아듣도록 말하다.
예 할머니께서는 거짓말을 하였다고 우리를 (   )셨다.

3 ㅇㅁ 하다: 일의 진행이나 관계가 모두에게 만족스럽다.
예 양측이 서로 조금씩 양보하여 합의가 (   )하게 이루어졌다.

03 다음 문장에 들어갈 알맞은 낱말을 보기에서 찾아 쓰세요.

보기
경향   변명   비난   오해

1 심판이 잘못된 판정을 내려서 관객들의 □□을 샀다.

2 업체 측은 고객에게 사과를 하지 않고 실수에 대한 □□만 늘어놓았다.

달리기와 수영의 효과

1 건강에 대한 관심이 높아지면서 여가 활동으로 운동을 즐기는 사람들이 많아졌다. 운동은 편안한 호흡을 지속하면서 할 수 있는 유산소 운동과 숨이 차고 힘이 들어 오래 지속할 수 없는 무산소 운동으로 나뉜다. 쉽게 구분하여 유산소 운동은 달리기를, 무산소 운동은 근력 운동을 떠올리면 된다. 유산소 운동은 숨이 차지 않으면서 큰 힘을 들이지 않고도 할 수 있어 일상생활에서 부담 없이 할 수 있으며, 그 대표적인 예로 달리기와 수영이 있다. 달리기와 수영을 하면 우리 몸에 어떤 점이 좋은지 알아보자.

2 우선, 달리기와 수영은 우리 몸의 폐와 심장을 튼튼하게 하고 여러 가지 질병을 예방한다. 달리기를 하면 규칙적인 호흡으로 인해 폐 기능이 향상되고 폐활량도 증가한다. 수영을 할 때에도 물속에서 숨을 참았다가 한 번에 들이쉬는 동작을 반복하여 폐활량이 증가한다. 그리고 달리기와 수영을 할 때에는 우리 몸에 평소보다 더 많은 산소가 필요하므로 심장 박동이 빨라지면서 심장 근육이 단련된다. 심장 근육이 단련되어 튼튼해지면 혈액 순환이 원활해져 심장과 혈관 이상으로 생기는 고혈압, 심근 경색 등의 질병에 걸릴 확률이 낮아진다. 또한 달리기와 수영은 몸 전체를 사용하기 때문에 열량 소모가 크므로 체지방을 감소시켜 비만이나 당뇨 등의 성인병을 예방할 수 있다.

3 다음으로, 달리기와 수영은 스트레스 해소와 두뇌 개발에 도움을 준다. 달리기와 수영을 할 때 어느 정도 시간이나 거리가 지나면 운동에 따른 고통이 발생하는데, 이 즈음에 엔도르핀이라는 신경 전달 물질이 분비된다. 엔도르핀은 뇌에서 고통을 줄여 주는 작용을 하며 이로 인해 스트레스가 풀리고 기분이 좋아진다. 또한 달리기와 수영은 뇌에 산소 공급을 늘려 준다. 달리기를 할 때에는 다양한 신경 세포들이 새롭게 연결되어 집중력이 좋아지고 기억력, 학습 능력, 창의력 등이 높아진다. 수영을 할 때에는 외부와 물의 온도 차이로 인해 뇌가 자극을 받아 혈액의 흐름이 활발해지고, 더 많은 산소가 뇌에 공급되어 기억력과 인지 능력 등이 향상된다.

4 달리기와 수영은 운동 특성에 따라 서로 다른 효과도 있다. 달리기는 자신의 체중을 실어서 하는 운동이므로 근육량을 증가시키고 뼛속 칼슘의 양을 늘려 골다공증 예방에 도움을 준다. 그러나 무릎과 발목에 체중이 실리기 때문에 관절에 자극을 주므로, 지나치게 무리할 경우 뼈나 관절, 근육을 다칠 수 있다. 반면에 수영은 물의 부력을 이용하기 때문에

체중이 실리지 않고 관절에 무리를 주지 않는다. 그래서 관절염이 있거나 **뼈**가 약해진 사람도 강도 높은 운동이 가능하다. 다만 바르지 않은 자세로 수영을 하거나 특정 부위를 과도하게 사용할 경우 어깨나 허리 등에 부상을 당할 우려가 있다.

5 지금까지 달리기와 수영의 다양한 효과에 대해 살펴보았다. 달리기와 수영의 운동 특성과 자신의 몸 상태를 바르게 파악하여 알맞은 운동을 선택한다면 그 효과를 보다 높일 수 있을 것이다. 건강한 생활을 하기 위해 이제부터 달리기와 수영을 해 보는 것은 어떨까.

◆ **단련된다**: 운동이나 훈련을 통해 몸이 굳세고 튼튼히 된다.

◆ **소모**: 써서 없어지는 것

◆ **해소**: 좋지 않은 상태를 해결하여 없애는 것

◆ **분비된다**: 몸속의 일부 기관이나 세포에서 여러 가지 생리 작용을 일으키는 물질이 나온다.

◆ **부력**: 액체나 기체 속에 있는 물체를 위로 떠오르게 하는 힘

◆ **우려**: 근심과 걱정

⟱ **글 내용** 한눈에 보기 ●●●

1 ⟨ㅇ⟩⟨ㅅ⟩⟨ㅅ⟩ 운동의 대표적인 예로 달리기와 수영이 있음

달리기와 수영은 폐와 **2** ⟨ㅅ⟩⟨ㅈ⟩을 튼튼하게 하고 질병을 예방함

달리기와 수영은 스트레스를 **3** ⟨ㅎ⟩⟨ㅅ⟩하고 두뇌를 개발함

달리기와 수영은 운동 특성에 따라 서로 **4** ⟨ㄷ⟩⟨ㄹ⟩ 효과가 있음

5 ⟨ㄱ⟩⟨ㄱ⟩한 생활을 하기 위해 달리기와 수영을 권함

내용 이해

01 이 글에 대한 설명이 맞으면 ○, 틀리면 ✕ 표시를 하세요.

1 달리기와 수영은 모두 유산소 운동이므로 운동 효과가 동일하다. [○ / ✕]

2 근력 운동과 같이 숨이 차고 힘이 들어 오래 지속할 수 없는 운동을 무산소 운동이라고 한다. [○ / ✕]

내용 이해

02 다음은 달리기와 수영의 효과를 정리한 것입니다. 빈칸에 들어갈 알맞은 말을 쓰세요.

달리기의 효과

1 [＿＿＿]을 증가시키고 뼛속 칼슘의 양을 늘려 골다공증 예방에 도움이 됨

2 [＿＿＿]와 심장을 튼튼하게 하고 질병을 예방하며, 스트레스를 해소하고 **3** [＿＿＿]를 개발함

수영의 효과

관절염이 있거나 **4** [＿＿＿]가 약해진 사람도 강도 높은 운동이 가능함

내용 비판

03 이 글을 이해한 내용으로 알맞지 <u>않은</u> 것은 무엇일까요? [ ]

① 달리기는 편안한 호흡을 지속하면서 할 수 있겠군.
② 달리기를 하면 우리 몸에서 평소보다 더 많은 산소를 필요로 하는군.
③ 스트레스가 심할 때 달리기를 하면 기분이 좋아지는 데 도움이 되겠군.
④ 달리기는 단순히 팔, 다리만 사용하는 것이 아니라 몸 전체를 사용하는군.
⑤ 달리기를 할 때 숨을 참았다가 한 번에 들이쉬는 것을 반복하여 폐활량이 증가하는군.

중심 내용 쓰기

04 이 글의 중심 내용을 한 문장으로 완성해 보세요.

달리기와 수영은 폐와 심장을 튼튼하게 하고 ✐＿＿＿＿＿＿＿＿＿＿＿＿하며, ✐＿＿＿＿＿＿＿＿＿＿＿＿하고 두뇌를 개발하는 등의 다양한 효과가 있다.

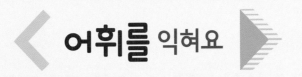
01 다음 낱말의 뜻을 찾아 바르게 연결해 보세요.

1 부력 •

2 여가 •

3 해소 •

• ㄱ 좋지 않은 상태를 해결하여 없애는 것

• ㄴ 일을 하는 가운데 잠시 생기는 자유로운 시간

• ㄷ 액체나 기체 속에 있는 물체를 위로 떠오르게 하는 힘

02 제시된 뜻과 예문을 참고하여 다음 초성에 해당하는 낱말을 빈칸에 쓰세요.

1 ㅅ ㅁ : 써서 없어지는 것

예 무더운 한낮에 운동을 하면 체력 (   )가 더 크다.

2 ㄷ ㄹ 되다: 운동이나 훈련을 통해 몸이 굳세고 튼튼히 되다.

예 규칙적인 운동으로 (   )된 그의 몸은 운동선수 같다.

3 ㅂ ㅂ 되다: 몸속의 일부 기관이나 세포에서 여러 가지 생리 작용을 일으키는 물질이 나오다.

예 성장 호르몬은 주로 수면 중에 (   )되므로 잠을 충분히 자는 게 좋다.

03 다음 문장에 들어갈 알맞은 낱말을 보기 에서 찾아 쓰세요.

보기

순환   예방   우려   향상

1 박수 치기는 혈액 □□ 에 큰 도움이 된다.

2 많은 전문가들이 지구 온난화에 대한 □□ 를 나타내고 있다.

까치밥 풍습에 담긴 의미

1 우리말에 '까치밥'이라는 말이 있다. 까치밥이란 과연 무엇일까? 예로부터 우리 조상들은 감을 수확할 때, 감나무 꼭대기의 몇 개는 따지 않고 남겨 두었다. 까치와 같은 날짐승이 겨우내 먹을 수 있도록 남겨 놓았던 것이다. 이와 같이 겨울에 까치 따위의 새들이 먹으라고 따지 않고 남겨 두는 감을 까치밥이라고 한다.

2 까치밥은 우리 조상들이 까치를 길조로 여겼기 때문에 생겨났다. 까치가 울면 반가운 손님이 온다는 말이 있듯이, 우리 조상들은 까치를 좋은 소식을 전해 주는 새로 믿어 왔다. 그래서 수확 때가 되면 까치에게 고마움의 뜻으로 열매를 남겨 두어 겨울에도 까치들이 굶주리지 않게 하였는데, 이것이 오랜 세월 동안 굳어져 까치밥 풍습이 된 것이다.

3 그중에서 감이 대표적인 까치밥이 된 이유는 무엇일까? 이는 감나무가 높이 자라 꼭대기의 감을 따기 힘들어서이기도 하지만, 감의 수확 시기가 새들이 먹이를 구하기 힘들어지는 시기와 맞물리기 때문이다. 이처럼 까치밥 풍습에는 마음의 여유를 가지고 주변을 돌보며 살았던 우리 조상들의 공동체 정신이 담겨 있다.

4 장편 소설 『대지』의 작가인 펄 벅이 경주를 방문했을 때의 일화이다. 이때 펄 벅은 감나무에 남아 있는 까치밥을 보고 "저것들은 따기 힘들어 그냥 두었나요?"라고 물었다가 "겨울새들을 위해 남겨 둔 것입니다."라는 기자의 설명을 듣고는 ㉠"바로 그거예요."라고 탄성을 내질렀다고 한다. 이후에 펄 벅은 『살아있는 갈대』라는 작품에서 날짐승까지 배려하는 한국인의 고운 마음에 감동을 받았다고 하였다. 이처럼 외국인의 눈에도 우리나라의 까치밥 풍습은 아름답게 보인다. 하지만 안타깝게도 언제부터인가 아름다운 까치밥 풍습이 사라지고 있다. 오늘날 사람들은 각자 바쁘다는 이유로 자기 일만 중요시하고 주변에는 관심조차 없이 살아가고 있다. 더불어 살아가는 공동체 정신이 우리 사회에서 점차 희미해지고 있는 것이다.

5 정상평 시인의 「콩 세 알」이란 시를 보면, 농부는 콩을 심을 때 세 알씩 심는다고 한다. 한 알은 하늘의 새를 위해서이고, 또 한 알은 땅속 벌레들을 위해서이며, 나머지 한 알은 사람이 먹기 위해서이다. 생계 수단인 농사를 지으면서도 새와 벌레까지 생각하는 것, 바로 이것이 까치밥 풍습에 담긴 것과 같은 공동체 정신이다. 개인주의가 만연한 요즘, 아름다운 까치밥 풍습의 의미를 되새겨 보고 우리의 삶 속에서 공동체 정신을 실천해야 할 때이다.

◈ **날짐승**: 날아다니는 새 종류의 모든 짐승
◈ **겨우내**: 겨울 동안 내내
◈ **길조**: 관습적으로 좋은 일을 가져온다고 여기는 새
◈ **풍습**: 오래 전부터 지켜 내려오는 사회적 풍속이나 관습
◈ **생계**: 살림을 살아 나갈 방도. 또는 현재 살림을 살아가고 있는 형편
◈ **만연한**: 전염병이나 나쁜 현상이 널리 퍼진

≫ 글 내용 한눈에 보기 ●●●

1 ㄲ ㅊ ㅂ 의 뜻	겨울에 까치 따위의 새들이 먹으라고 따지 않고 남겨 두는 감
까치밥 풍습의 유래	우리 조상들은 **2** ㄱ ㅈ 로 여긴 까치에게 고마움의 뜻으로 열매를 남겨 두었는데, 이것이 오랜 세월 동안 굳어짐
까치밥 풍습에 담긴 의미	마음의 여유를 가지고 주변을 돌보며 살았던 우리 조상들의 **3** ㄱ ㄷ ㅊ 정신이 담김
오늘날의 삶의 태도	각자 바쁘다는 이유로 자기 일만 중요시하고 주변에는 관심조차 없이 살아가면서 공동체 정신이 **4** ㅎ ㅁ 해지고 있음

까치밥 풍습의 의미를 되새겨 보고 우리의 삶 속에서 공동체 정신을 **5** ㅅ ㅊ 해야 함

내용 이해

01 이 글에 대한 설명으로 알맞은 것을 골라 보세요.

1 우리 조상들은 까치를 [좋은 소식을 / 부와 명예를] 전해 주는 새로 믿어 왔다.

2 정상평 시인의 「콩 세 알」에서 농부는 콩을 세 알씩 심는데, 한 알은 새를 위해, 또 한 알은 벌레를 위해, 나머지 한 알은 [가축 / 사람]을 위해 심는다.

내용 이해

02 까치밥에 대한 설명으로 알맞지 <u>않은</u> 것은 무엇인가요?   [   ]

① 겨울에 까치 따위의 새들이 먹으라고 따지 않고 남겨 두는 감을 '까치밥'이라고 한다.

② 까치밥 풍습에는 마음의 여유를 가지고 주변을 돌보며 살았던 조상들의 공동체 정신이 담겨 있다.

③ 감나무가 높이 자라 꼭대기 감을 따기 힘들어 남겨 두었던 것이 오랜 세월 동안 굳어져 까치밥 풍습이 되었다.

④ 감이 대표적인 까치밥이 된 이유는 감의 수확 시기가 새들이 먹이를 구하기 힘들어지는 시기와 맞물리기 때문이다.

⑤ 사람들이 각자 바쁘다는 이유로 자기 일만 중요시하고 주변에 관심조차 없이 살아가면서 까치밥 풍습도 사라지고 있다.

내용 추론

03 ㄱ의 의미를 가장 바르게 풀이한 것은 무엇일까요?   [   ]

① 감을 하나도 남김없이 수확해야 한다.

② 까치밥 풍습을 외국에도 전파하고 싶다.

③ 까치들이 감을 먹기 위해 찾아오는 모습이 신기하다.

④ 가장 높이 열린 감은 따기 힘들기 때문에 남겨 두어야 한다.

⑤ 겨울새들을 위해 열매를 남겨 둔 까치밥 풍습이 정겹고 아름답다.

중심 내용 쓰기

04 이 글의 중심 내용을 한 문장으로 완성해 보세요.

개인주의가 만연한 요즘, 아름다운 ✐_____의 의미를 되새겨 보고 우리의 삶 속에서 ✐_____을 실천해야 한다.

01 다음 낱말의 뜻을 찾아 바르게 연결해 보세요.

1 길조 •

2 탄성 •

3 날짐승 •

• **ㄱ** 몹시 감탄하는 소리

• **ㄴ** 날아다니는 새 종류의 모든 짐승

• **ㄷ** 관습적으로 좋은 일을 가져온다고 여기는 새

02 제시된 뜻과 예문을 참고하여 다음 초성에 해당하는 낱말을 빈칸에 쓰세요.

1 ㄱ ㅇ ㄴ : 겨울 동안 내내

예 봄이 찾아오면서 ( ) 얼었던 강물이 녹기 시작하였다.

2 ㅁ ㅇ 하다: 전염병이나 나쁜 현상이 널리 퍼지다.

예 사회 전반에 ( )해 있는 부조리들을 뿌리 뽑아야 한다.

3 ㅍ ㅅ : 오래 전부터 지켜 내려오는 사회적 풍속이나 관습

예 혼인에 관한 ( )은 나라마다 다르다.

03 다음 문장에 들어갈 알맞은 낱말을 보기에서 찾아 쓰세요.

보기

배려　생계　여유　일화

1 그는 홀로 가족의 [ ][ ]를 책임지고 있다.

2 그녀는 자신이 실수했던 [ ][ ]를 솔직하게 털어놓았다.

27

우리 몸속 세균 이야기

1 눈으로는 볼 수 없는 아주 작은 생물을 통틀어 미생물이라고 한다. 우리 생활과 가장 밀접한 미생물은 세균으로, 우리 몸속에 사는 세균은 사람 몸의 세포 수보다도 훨씬 많고, 종류도 수천 가지에 이른다. 세균은 우리 몸속 대장이나 소장 같은 장은 물론이고 피부와 머리카락 등 다양한 곳에 살고 있다.

2 입속에 사는 '뮤탄스균'은 치아 사이나 표면에 붙은 음식물 찌꺼기에서 당 성분을 분해하여 산성을 띤 물질을 만들어 낸다. 이 산성 물질이 치아의 단단한 표면을 녹여 이를 썩게 한다. 뮤탄스균은 당 성분을 좋아하기 때문에 단 것을 많이 먹으면 충치가 생기기 쉽다. 그렇다면 이 뮤탄스균처럼 우리 몸속에 사는 세균은 우리에게 해롭기만 한 것일까?

3 '프로피오니균'은 피부에 붙어서 피지를 먹고 사는 세균으로, 나쁜 세균이 외부에서 피부로 들어오는 것을 막는다. 피부를 지나치게 깨끗이 씻어서 이와 같은 유익한 세균을 없애 버리면 오히려 피부가 나쁜 세균에 노출되어 면역력이 떨어질 수 있다. 또한 프로피오니균이 많이 번식하는 것도 조심해야 한다. 프로피오니균이 너무 많아져서 모공을 막으면, 피지선을 중심으로 피부 조직이 파괴되어 여드름이 생긴다. 프로피오니균의 여드름 공격을 피하려면 수분을 충분히 섭취하고, 모공 입구가 막히지 않도록 각질을 제거해야 한다.

4 포도알처럼 동글동글 모여서 산다고 해서 이름 붙여진 '포도상 구균'은 사람의 콧속, 호흡기 점막, 털 등 피부 곳곳에 사는 세균이다. 여러 종류의 포도상 구균 가운데 황색 포도상 구균은 피부에 난 상처에 종종 생기는데, 피부에 염증을 일으켜 고름이 맺히게 한다. 식중독을 일으키는 균 역시 황색 포도상 구균이다. 황색 포도상 구균이 우리 몸속에 들어오면 위나 장에서 독소를 만들어 설사나 복통을 일으킨다. 하지만 포도상 구균이 이로울 때도 있다. 포도상 구균은 우리 몸에 보호막을 만들어 나쁜 세균에 대한 몸의 저항력을 높여 준다. 특히 감기 바이러스가 몸의 여러 기관에 전염되는 것을 막아 준다.

5 우리 몸의 대장 속에는 약 300여 종의 미생물이 살고 있다. 그중 가장 유명한 것은 '대장균'이다. 대장균은 사람과 동물의 장 속에만 존재하는 세균으로, 주로 똥을 통해 밖으로 배출된다. 흔히 대장균이라 하면 식중독을 일으키는 해로운 세균이라 생각하기 쉽다. 그러나 병을 일으키는 병원성 대장균을 제외하고 대부분의 대장균은 우리 몸에 해롭지 않다. 대장균은 음식물 찌꺼기를 분해하여 비타민과 아미노산을 만들고 대장을 청소하기도 한다.

6 대부분의 세균은 우리 몸이 건강할 때에는 해롭지 않다. 하지만 우리 몸의 면역력이 떨어진 경우에는 주의해야 한다. 이때에는 세균에 대한 저항력이 약해져서 여러 가지 질병에 걸리기 쉽기 때문이다. 세균은 특히 손과 입을 통해 우리 몸속에 들어오므로, 손을 깨끗하게 잘 씻고 양치질을 꼼꼼하게 하는 것이 세균 예방에 도움이 된다.

◆ **면역력**: 몸 밖에서 들어온 병균을 이겨 내는 몸의 힘
◆ **번식하는**: 붙고 늘어서 많이 퍼지는
◆ **모공**: 털이 나는 작은 구멍
◆ **염증**: 세균이나 상처 또는 그 밖의 원인으로 몸의 어떤 부분이 붓고 곪아, 열이나 통증 따위를 일으키는 증상
◆ **식중독**: 상한 음식을 먹은 뒤에 복통·설사·구토 따위의 증상이 일어나는 병
◆ **독소**: 독이 있는 요소나 물질
◆ **전염되는**: 한 사람이 지닌 병의 균이나 바이러스가 다른 사람에게로 옮는

≫ 글 내용 한눈에 보기 ●●●

뮤탄스균
- 사는 곳: 입속
- 특징: 치아에 붙은 음식물 찌꺼기에서 당 성분을 분해하는 과정에서 산성을 띤 물질을 만들어 1 [ㅇ]를 썩게 함

프로피오니균
- 사는 곳 : 피부
- 특징: 2 [ㄴ][ㅃ] 세균이 피부로 들어오는 것을 막지만, 너무 많이 번식하면 피부 조직을 파괴하여 여드름이 나게 함

우리 몸속 세균

포도상 구균
- 사는 곳 : 콧속, 호흡기 점막, 털 등 3 [ㅍ][ㅂ] 곳곳
- 특징: 황색 포도상 구균은 피부 염증, 식중독 등을 일으키지만, 나쁜 세균에 대한 우리 몸의 4 [ㅈ][ㅎ][ㄹ]을 높여 줌

5 [ㄷ][ㅈ][ㄱ]
- 사는 곳: 대장
- 특징: 병원성 대장균은 병을 일으키지만, 대부분의 대장균은 해롭지 않으며 음식물 찌꺼기를 분해하여 비타민과 아미노산을 만들고 대장을 청소함

내용 이해

01 세균에 대한 설명이 맞으면 ○, 틀리면 ✕ 표시를 하세요.

1 우리 눈으로 볼 수 없는 세균은 우리 몸속 다양한 곳에 살고 있다. [○ / ✕]

2 사람에게 해롭기만 한 세균이 몸속에 들어오는 것을 예방하기 위해 손을 자주 씻는 것이 좋다. [○ / ✕]

내용 이해

02 포도상 구균에 대한 설명으로 알맞지 <u>않은</u> 것은 무엇인가요? [✏]

① 나쁜 세균에 대한 몸의 저항력을 높여 준다.
② 포도상 구균 중 일부는 식중독을 일으키기도 한다.
③ 사람의 콧속, 호흡기 점막, 털 등 피부 곳곳에 산다.
④ 음식물 찌꺼기를 분해하여 비타민과 아미노산을 만든다.
⑤ 포도알처럼 동글동글 모여서 산다고 하여 이름 붙여졌다.

내용 비판

03 이 글을 읽은 후의 반응으로 알맞지 <u>않은</u> 것은 무엇일까요? [✏]

① 대장균은 사람과 동물의 장 속에서만 살 수 있겠구나.
② 병원성 대장균을 제외하고 나머지 대장균은 몸에 해롭겠구나.
③ 몸의 면역력이 떨어져 있을 때는 각종 질병에 걸릴 수 있겠구나.
④ 손 씻기와 양치질은 세균의 침입을 예방하는 데 도움이 되겠구나.
⑤ 세수를 지나치게 해서 프로피오니균이 모두 사라지면 피부에 좋지 않겠구나.

중심 내용 쓰기

04 이 글의 중심 내용을 한 문장으로 완성해 보세요.

> 우리 몸에 ✏＿＿＿＿＿＿＿ 기도 하고 ✏＿＿＿＿＿＿＿기도 한 수천 가지 종류의 많은
> ✏＿＿＿＿＿ 이 우리 몸속 ✏＿＿＿＿＿＿ 곳에 살고 있다.

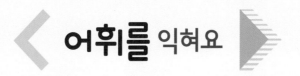
01 다음 낱말의 뜻을 찾아 바르게 연결해 보세요.

1 염증 •

2 면역력 •

3 식중독 •

• ㄱ 몸 밖에서 들어온 병균을 이겨 내는 몸의 힘

• ㄴ 상한 음식을 먹은 뒤에 복통·설사·구토 따위의 증상이 일어나는 병

• ㄷ 세균이나 상처 또는 그 밖의 원인으로 몸의 어떤 부분이 붓고 곪아, 열이나 통증 따위를 일으키는 증상

02 제시된 뜻과 예문을 참고하여 다음 초성에 해당하는 낱말을 빈칸에 쓰세요.

1 ㅂ ㅅ 하다: 붓고 늘어서 많이 퍼지다.

  예 젖은 신발은 바람이 잘 통하는 곳에서 말려야 세균이 (   )하지 않는다.

2 ㄴ ㅊ 되다: 어떤 상황이나 환경의 영향을 직접 받게 되다.

  예 맨살이 햇볕에 너무 오랫동안 (   )되면 피부가 손상될 수 있다.

3 ㅈ ㅇ 되다: 한 사람이 지닌 병의 균이나 바이러스가 다른 사람에게로 옮다.

  예 아이들이 유행성 독감에 (   )되지 않도록 주의하세요.

03 다음 문장에 들어갈 알맞은 낱말을 보기 에서 찾아 쓰세요.

> **보기**
>
> 각질   독소   모공   충치

1 여드름은 [   ]이 막히면서 염증이 생긴 상태이다.

2 건강을 위해 몸속의 노폐물과 [   ]를 원활히 배출하는 것이 좋다.

도로명 주소의 비밀

① 현재 우리나라에서 주소를 표기하는 방법을 '도로명 주소'라고 한다. 도로명 주소는 이름 그대로 도로에 이름을 붙이고 해당 도로에 인접해 있는 건물에 고유 번호 및 상세 주소를 붙여 표기하는 주소이다. 도로명 주소 이전에는 땅에 번호를 붙이는 '지번 주소'를 사용했다. 지번 주소는 일제 강점기 때 세금을 걷기 위해 땅에 번호를 붙인 데에서 시작되었다. 그러나 건물이 많아지면서 주소가 복잡해지자 지번 주소만으로는 건물의 위치를 정확히 알 수 없게 되었다. 그래서 나온 것이 바로 도로명 주소이다.

② 도로명 주소는 '도로명 + 건물 번호'로 표기되어 있다. 우선 도로명을 부여하는 방법을 알아보자. 도로명은 도로의 폭에 따라 '대로, 로, 길'로 구분한다. '대로'는 차선이 8개 이상인 도로이고, '로'는 차선이 2개 이상 7개 이하인 도로이며, '길'은 '로'보다 좁은 도로를 뜻한다. 이렇게 구분한 '대로'나 '로'에서 작은 도로가 갈라져 나오면 '○○대로1길', '○○로1길'과 같이 표시한다. 여기서 '대로, 로' 뒤에 붙는 숫자는 도로의 진행 방향에서 보았을 때, 작은 도로가 왼쪽에서 갈라지면 홀수 번호를 부여하고, 오른쪽에서 갈라지면 짝수 번호를 부여한다.

③ 다음으로 건물 번호를 부여하는 방법을 알아보자. 도로를 20m 간격으로 구간을 나누고 그곳에 있는 건물에 번호를 부여한다. 도로의 진행 방향에서 보았을 때 왼쪽에 있는 건물에는 홀수 번호를, 오른쪽에 있는 건물에는 짝수 번호를 부여한다. 한 구간에 여러 건물이 있을 경우 첫 번째 건물에는 1, 두 번째 건물에는 1-1, 세 번째 건물에는 1-2로 순서대로 건물 번호를 부여한다.

④ 도로명 주소를 만드는 데에 규칙이 있는 것처럼, 도로명 주소를 표기하는 데에도 규칙이 있다. 도로명 주소를 표기할 때에는 띄어쓰기와 쉼표에 유의해야 한다. 우선 도로명은 붙여 쓴다. '대로'나 '로' 뒤에 '길'이 붙을 때에도 띄어 쓰지 않고 붙여 쓴다. 다음으로 도로명과 건물 번호 사이는 띄어 쓴다. 둘 사이를 띄어 씀으로써 도로명과 건물 번호의 구분을 명확히 하는 데 도움이 된다. 마지막으로 건물 번호와 '동·층·호' 사이에는 쉼표(,)를 쓴다. 공동 주택이나 다가구 주택, 일반 상가, 업무용 빌딩 등에는 '동·층·호'와 같은 상세 주소가 표시되는데, 이때 건물 번호와 상세 주소를 명확히 구분하기 위해 둘 사이에 쉼표를 쓴다.

◆ **붙이고:** 무엇에 이름이 생기게 하고
◆ **표기하는:** 적어서 나타내는
◆ **인접해:** 가까이 있거나 옆에 닿아
◆ **부여하는:** 가지거나 지니도록 해 주는
◆ **폭:** 평면이나 넓은 물체의 가로를 잰 길이
◆ **구간:** 어떤 지점과 다른 지점과의 사이
◆ **다가구:** 하나의 단독 주택 안에 있는 여러 가구

≫ 글 내용 한눈에 보기 ●●●

33

내용 이해

01 이 글에 대한 설명이 맞으면 ○, 틀리면 ✕ 표시를 하세요.

1 도로명 주소를 표기할 때 도로명은 붙여 쓰고, 도로명과 건물 번호 사이는 띄어 쓴다.

[○ / ✕]

2 건물이 많아지면서 주소가 복잡해지자 땅에 번호를 붙이는 지번 주소를 사용하게 되었다. [○ / ✕]

내용 이해

02 도로명 주소를 부여하는 방법으로 알맞은 것은 무엇인가요? [ ]

① 도로를 길이에 따라 '대로, 로, 길'로 구분한다.

② '대로, 로'에서 작은 도로가 갈라져 나오면 '길'을 붙인다.

③ 6차선 이상인 도로는 '대로'를, 2~5차선인 도로는 '로'를 붙인다.

④ 도로를 10 m 간격으로 구간을 나누어 그곳에 있는 건물에 번호를 붙인다.

⑤ 한 구간에 여러 건물이 있을 경우 순서대로 1-1, 1-2, 1-3으로 건물 번호를 붙인다.

내용 추론

03 다음 도로명 주소에 대한 설명으로 알맞지 <u>않은</u> 것은 무엇일까요? [ ]

> 대정로4길 30

① 대정로4길은 대정로보다 작은 도로이다.

② 대정로는 차선이 2개 이상 7개 이하인 도로이다.

③ 이 건물은 도로 진행 방향에서 보았을 때, 도로의 오른쪽에 있다.

④ 대정로4길은 도로 진행 방향에서 보았을 때, 대정로의 오른쪽에 있다.

⑤ 도로명과 건물 번호 사이는 붙여 써야 하므로 '대정로4길30'으로 써야 한다.

중심 내용 쓰기

04 이 글의 중심 내용을 한 문장으로 완성해 보세요.

현재 우리나라에서 주소를 표기하는 방법인 도로명 주소는 ✎_____

_____ 해당 도로에 인접해 있는 건물에 ✎_____

_____ 표기하는 주소이다.

01 다음 낱말의 뜻을 찾아 바르게 연결해 보세요.

1 붙이다 • • ㄱ 적어서 나타내다.

2 인접하다 • • ㄴ 무엇에 이름이 생기게 하다.

3 표기하다 • • ㄷ 가까이 있거나 옆에 닿아 있다.

02 제시된 뜻과 예문을 참고하여 다음 초성에 해당하는 낱말을 빈칸에 쓰세요.

1 ㅍ : 평면이나 넓은 물체의 가로를 잰 길이

예 할머니 댁 앞에는 (　　　　　)이 넓은 개울이 흘렀다.

2 ㅂㅇ 하다: 가지거나 지니도록 해 주다.

예 학교는 모든 학생들에게 동등한 권리를 (　　　　　)하였다.

3 ㄷㄱㄱ : 하나의 단독 주택 안에 있는 여러 가구

예 아파트가 늘면서 (　　　　　) 주택이 줄었다.

03 다음 문장에 들어갈 알맞은 낱말을 보기에서 찾아 쓰세요.

> **보기**
>
> 공동　　　구간　　　구분　　　주소

1 도로포장 중이어서 도로의 일부 　　 을 통제하고 있다.

2 개인이 처한 상황에 따라 옳고 그름의 　　 이 달라질 수 있다.

08 약속을 지킨 배추 장수

① 어느 날 오후, 외출했다가 집으로 돌아오던 길에 지수 엄마는 아파트 정문 앞에 세워진 낯선 트럭에 눈길이 갔다. 배추 장수의 작은 트럭에는 싱싱한 배추가 가득 쌓여 있었다.

"안녕하세요? 배추가 참 싱싱해 보이네요."

"저희가 산지에서 직접 수확해 온 배추예요."

지수 엄마는 아삭아삭한 배추전을 좋아하는 지수가 떠올랐다.

"좋은 것으로 골라서 세 포기만 주세요."

"만 원입니다. 맛있는 것으로 골라 드릴게요."

얼굴 가득 미소를 띤 배추 장수가 배추를 담으며 말하였다. 세 포기의 배추가 담긴 자루는 꽤 크고 무거워 보였다.

"제가 다른 짐이 있어서 그러는데 혹시 배달도 해 주시나요?"

"그럼요. 동, 호수만 알려 주시면 저녁에 드실 수 있도록 얼른 갖다드릴게요."

배추 장수의 친절한 대답에 지수 엄마도 기분 좋게 배춧값을 지불했다.

"감사해요. 108동 1305호예요."

지수 엄마는 배추전을 맛있게 먹을 지수를 생각하며 가벼운 발걸음을 옮겼다.

② 지수 엄마가 막 아파트 현관에 들어서는데, 갑자기 세찬 소나기가 쏟아지기 시작했다. 지수 엄마는 비가 오기 전에 서둘러 집으로 돌아오길 잘했다고 생각하며 느긋하게 저녁을 준비하기 시작했다. 그런데 믿음직스럽게 배달을 약속했던 배추 장수는 저녁 식사가 끝날 때까지도 오지 않았다. 비가 와서 배달이 늦는 것이려니 생각하며 애써 마음을 다스리던 지수 엄마는 밤늦게까지 배추 장수에게서 아무 소식이 없자 점차 화가 나기 시작했다.

"그까짓 돈 만 원에 양심을 팔다니."

"뜨내기 장사꾼을 믿고 선뜻 돈을 주고 온 당신 마음이 너무 좋았던 거지. 길에서 잃어버렸다고 생각하고 그만 잊어요."

자초지종을 들은 지수 아빠의 위로에도 지수 엄마는 속이 상해서 잠을 이룰 수가 없었다.

③ 다음 날 아침이었다. 지수 엄마가 출근할 준비를 하고 있는데 문득 초인종이 울렸다. 문 앞에는 놀랍게도 어제 배추를 팔았던 배추 장수가 서 있었다. 지수 엄마는 얼른 문을 열었다.

"저, 혹시 어제 아파트 정문 앞에서 배추 세 포기를 사지 않으셨나요?"

"네, 맞아요. 어제 안 오시기에 잊으신 줄 알았는데……. 왜 이제 오셨어요?"

배추 장수는 민망한 듯 머리를 긁적이며 쪽지 하나를 내보였다.

"어제 배달을 나서는데 갑자기 비가 와서 주소를 적은 종이가 흠뻑 젖고 말았어요. 손으로 얼른 털었는데, 글씨는 더 번지고……. 맨 끝에 '5' 자만 겨우 알아볼 수 있어서, 단지 안에 있는 5호를 전부 돌다가 그만 날이 어두워졌어요. 오늘도 일찍 나와서 열심히 다녔는데, 이제야 찾았네요. 어제 많이 기다리셨을 텐데 배달이 늦어서 정말 죄송합니다."

배추 장수는 미안한 표정으로 꾸벅 고개를 숙였다. ㉠배추를 받아든 지수 엄마의 얼굴이 발갛게 달아올랐다.

◆ **산지**: 농수산물 등이 생산되어 나오는 곳
◆ **뜨내기**: 일정한 곳에 머무르지 않고 떠돌아다니는 사람
◆ **선뜻**: 동작이 빠르고 시원스러운 모양
◆ **자초지종**: 처음부터 끝까지의 과정

❤️ 글 내용 한눈에 보기 ●●●

오후	지수 엄마는 ❶ ⬚ⅢⅩ를 사면서 배달을 부탁하고, 배추 장수는 저녁에 먹을 수 있게 배달할 것을 약속함
저녁, 밤	밤늦게까지 배추가 ❷ ⬚ⅢⅮ되지 않고, 지수 엄마는 ❸ ⬚ⅢⅩ을 지키지 않은 배추 장수에게 화가 남
다음 날 아침	배추 장수는 배추를 배달하며 늦은 이유를 설명하고, 지수 엄마는 ❹ ⬚ⅢⅢ가 풀림

글을 이해해요

내용 이해

01 이 글에 대한 설명이 맞으면 ○, 틀리면 ✕ 표시를 하세요.

1 지수 엄마는 배추를 배달받기로 하고 배춧값을 먼저 지불하였다. [○ / ✕]

2 배추 장수는 갑자기 내린 비에 배추가 다 젖어 다음 날 아침에야 배추를 배달할 수 있었다. [○ / ✕]

내용 비판

02 이 글의 등장인물에 대해 이해한 내용으로 알맞은 것은 무엇일까요? [✐   ]

① 배추 장수는 결국 배추를 배달한 것으로 보아 정직한 인물이야.

② 배추 장수는 배추를 늦게 배달한 것으로 보아 게으른 인물이야.

③ 지수 아빠는 지수 엄마를 위로한 것으로 보아 위선적인 인물이야.

④ 지수 엄마는 약속을 지키지 않은 것으로 보아 정직하지 않은 인물이야.

⑤ 지수 엄마는 배추를 배달해 달라고 요구한 것으로 보아 이기적인 인물이야.

내용 추론

03 ㄱ에서 지수 엄마의 얼굴이 발갛게 달아오른 이유로 알맞은 것은 무엇일까요?

[✐   ]

① 갑자기 비가 내려서 화가 났기 때문이다.

② 서둘러 출근할 준비를 해야 했기 때문이다.

③ 배추 장수가 찾아와서 깜짝 놀랐기 때문이다.

④ 배추 장수를 오해한 것이 부끄러웠기 때문이다.

⑤ 배추가 너무 늦게 배달되어 속상하였기 때문이다.

중심 내용 쓰기

04 이 글의 중심 내용을 한 문장으로 완성해 보세요.

> ✐ _____가 비에 젖어 배추 배달을 할 수 없게 된 배추 장수는
> ✐ _____를 전부 돌다가 다음 날 아침에야 배추를 배달하였다.

38

01 다음 낱말의 뜻을 찾아 바르게 연결해 보세요.

1 민망하다 •

2 수확하다 •

3 지불하다 •

• ㄱ 돈을 내어 주다.

• ㄴ 낯을 들고 대하기가 부끄럽다.

• ㄷ 익거나 다 자란 농수산물을 거두어들이다.

02 제시된 뜻과 예문을 참고하여 다음 초성에 해당하는 낱말을 빈칸에 쓰세요.

1 ㅈ ㅊ ㅈ ㅈ : 처음부터 끝까지의 과정

   예 그는 경찰에게 가방을 잃어버리게 된 (   )을 설명하였다.

2 ㄴ ㄱ 하다: 마음에 흡족하여 여유가 있고 넉넉하다.

   예 창가에서 오후 햇살을 받으며 (   )하게 책을 읽었다.

3 ㄸ ㄴ ㄱ : 일정한 곳에 머무르지 않고 떠돌아다니는 사람

   예 그 손님은 (   )가 아니라 우리 가게의 단골이다.

03 다음 문장에 들어갈 알맞은 낱말을 보기에서 찾아 쓰세요.

보기

눈길   산지   선뜻   장수   흠뻑

1 대구는 사과 [   ][   ]로 유명하다.

2 더운 날씨에 온몸이 땀에 [   ][   ] 젖었다.

3 민하는 다리를 다친 친구에게 [   ][   ] 자리를 양보하였다.

09 바다의 뛰어난 잠수부, 향유고래

1 사람이 도구의 도움 없이 물속에서 물고기처럼 자유롭게 움직이는 것은 불가능하다. 사람의 호흡 기관인 폐는 물고기의 아가미와 달리 물을 통과시킬 수 없기 때문이다. 그런데 사람처럼 폐로 호흡하는 포유류 중에서 무려 1시간 동안 잠수하여 수심 2,000m까지 내려갈 수 있는 동물이 있다. 바로 향유고래이다. 향유고래는 깊은 바다에 사는 포유류로, 몸길이가 최대 20m에 달하며 몸무게는 수십 톤에 이른다. 뭉툭한 사각형 모양의 머리가 몸 전체 길이의 3분의 1을 차지하며, 큰 꼬리지느러미를 가지고 있는 것이 특징이다. 이처럼 거대한 몸집의 향유고래가 어떻게 뛰어난 잠수 실력을 가지게 된 것일까?

2 첫 번째 비결은 뇌유를 담고 있는 큰 머리이다. 향유고래의 머리는 기름인 뇌유와 뇌유를 감싸는 주머니, 뇌유를 만드는 조직 등으로 구성되어 있다. 뇌유는 보통 액체의 상태이지만 온도가 29도 이하로 떨어지면 고체로 굳는 성질이 있다. 향유고래가 잠수할 때는 차가운 바닷물을 코로 흡입한다. 그러면 뇌유의 온도가 29도 이하로 낮아져 뇌유가 고체로 변하면서 뇌유가 든 머리 부분이 무게추의 역할을 하여 깊은 바다 속으로 쉽게 들어갈 수 있다. 향유고래가 떠오를 때는 잠수할 때와 반대로 몸속의 바닷물을 코로 배출한다. 그러면 뇌유 부근의 혈관이 확장되어 혈액이 흐르게 되고, 이로 인해 온도가 상승하여 뇌유가 액체가 된다. 그 결과 향유고래가 수면 위로 떠오른다.

3 두 번째 비결은 다량의 산소를 저장하는 근육이다. 향유고래의 근육은 육지에 사는 동물의 10배에 달하는 수치의 미오글로빈을 함유하고 있다. 미오글로빈은 근육 안에 있는 단백질로, 산소와 결합하여 몸속에 산소를 저장하는 성질이 있다. 미오글로빈은 근육에 다량의 산소를 저장하고 있다가 잠수를 할 때와 같이 산소가 필요한 경우에 산소를 방출하여 향유고래가 물속에서 오랜 시간 활동하는 데에 중요한 역할을 한다.

4 세 번째 비결은 크기가 작고 탄력성이 우수한 폐이다. 수심이 10m 깊어질 때마다 수압은 1기압씩 증가하므로, 수심 1,000m에서 작용하는 압력은 수면보다 약 100배 정도 높다. 10m 높이의 물기둥이 누르는 압력을 1기압이라고 할 때, 향유고래가 잠수하는 수심 2,000m에서 작용하는 수압의 강도는 실로 엄청나다. 그러나 향유고래의 폐는 공기의 흡입을 최소화하도록 작게 발달되었고, 엄청난 수압에도 파열되지 않는 우수한 탄력성을 가지고 있어 심해에서의 잠수를 돕는다.

5 지금까지 향유고래의 잠수 비결에 대해 알아보았다. 향유고래는 폐로 호흡하는 포유류이지만, 심해에서 대왕오징어를 사냥할 수 있을 만큼 뛰어난 잠수부이다. 향유고래는 뇌유를 담고 있는 큰 머리, 다량의 산소를 저장하는 근육, 크기가 작고 탄력성이 우수한 폐를 활용하여 1시간 동안 잠수하여 수심 2,000m까지 내려가는 잠수 실력을 보여 준다. 한때 향유고래는 뇌유가 품질 좋은 윤활유로 쓰이고, 대장에 생기는 물질이 값비싼 향료의 재료로 사용되어 무분별한 남획의 표적이 되기도 하였다. 사람들의 욕심 때문에 멸종 위기에 처한 향유고래가 앞으로도 드넓고 깊은 바다에서 마음껏 잠수 실력을 뽐낼 수 있기를 바란다.

◆ **수심**: 강이나 바다, 호수 따위의 물의 깊이
◆ **함유하고**: 물질이 어떤 성분을 포함하고
◆ **수압**: 물의 압력. 물이 물속에 있는 물질에 미치는 힘
◆ **탄력성**: 물체가 외부에서 힘을 받아 변형되었다가 본래의 모양으로 돌아가는 성질
◆ **윤활유**: 기계가 맞닿는 부분의 마찰을 줄이기 위하여 쓰는 기름
◆ **무분별한**: 어떤 일에 대한 바른 생각이나 판단을 하지 않는
◆ **남획**: 짐승이나 물고기 따위를 마구 잡음

❯❯ 글 내용 한눈에 보기 ●●●

거대한 몸집의 향유고래는 뛰어난 **1** [ㅈ][ㅅ] 실력을 가짐

첫 번째 잠수 비결	두 번째 잠수 비결	세 번째 잠수 비결
뇌유를 담고 있는 큰 **2** [ㅁ][ㄹ]	다량의 **3** [ㅅ][ㅅ]를 저장하는 근육	크기가 작고 **4** [ㅌ][ㄹ] [ㅅ]이 우수한 폐

향유고래가 앞으로도 드넓고 깊은 바다에서 마음껏 잠수 실력을 뽐낼 수 있기를 바람

내용 이해

01 향유고래에 대한 설명이 맞으면 ○, 틀리면 ✕ 표시를 하세요.

1 향유고래는 깊은 바다에 사는 거대한 어류이다. [○ / ✕]

2 향유고래는 인간의 욕심 때문에 남획의 표적이 되어 멸종 위기에 처하였다. [○ / ✕]

내용 추론

02 이 글을 읽고 향유고래에 대한 궁금증을 해결하지 <u>못한</u> 사람은 누구일까요?

[ ]

① 우리: 향유고래의 생김새는 어떠할까?

② 민솔: 향유고래가 잠수를 잘하는 비결은 무엇일까?

③ 은서: 향유고래의 이름은 어떤 의미를 가지고 있을까?

④ 서원: 사람들이 향유고래를 마구 잡은 이유는 무엇일까?

⑤ 현진: 향유고래의 폐는 어떻게 심해의 강력한 수압을 견딜까?

내용 이해

03 다음은 향유고래의 첫 번째 잠수 비결을 정리한 것입니다. 빈칸에 들어갈 알맞은 말을 쓰세요.

잠수할 때	차가운 바닷물을 코로 흡입함 → 뇌유의 온도가 29도 이하로 낮아짐 → 뇌유가 ❶ [ ]로 변함 → 뇌유가 든 머리가 ❷ [ ]의 역할을 하여 깊은 바다 속으로 쉽게 들어감
떠오를 때	바닷물을 코로 배출함 → 뇌유 부근의 혈관이 확장되어 혈액이 흐름 → 뇌유의 온도가 올라감 → 뇌유가 ❸ [ ]로 변함 → 수면 위로 떠오름

중심 내용 쓰기

04 이 글의 중심 내용을 한 문장으로 완성해 보세요.

향유고래는 뇌유를 담고 있는 큰 머리, ✏ _____

_____ 를 활용하여 1시간 동안 잠수하여 수심 2,000m까지 내려갈 수 있다.

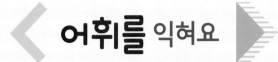

01 다음 낱말의 뜻을 찾아 바르게 연결해 보세요.

1 수압 •　　　　　　　• **ㄱ** 물의 압력. 물이 물속에 있는 물질에 미치는 힘

2 윤활유 •　　　　　　　• **ㄴ** 기계가 맞닿는 부분의 마찰을 줄이기 위하여 쓰는 기름

3 탄력성 •　　　　　　　• **ㄷ** 물체가 외부에서 힘을 받아 변형되었다가 본래의 모양으로 돌아가는 성질

02 제시된 뜻과 예문을 참고하여 다음 초성에 해당하는 낱말을 빈칸에 쓰세요.

1 ㅎㅇ 하다: 물질이 어떤 성분을 포함하다.

　예 이 지역의 물은 미네랄을 많이 (　　　　　)하고 있다.

2 ㅍㅇ 되다: 깨어지거나 갈라져 터지게 되다.

　예 그는 갑자기 무리하게 운동을 하여 근육이 (　　　　　)되었다.

3 ㅁㅂㅂ 하다: 어떤 일에 대한 바른 생각이나 판단을 하지 않다.

　예 방송에서 욕설이나 비속어를 (　　　　　)하게 사용하여 문제가 되고 있다.

03 다음 문장에 들어갈 알맞은 낱말을 보기에서 찾아 쓰세요.

보기

　　　　남획　　　　비결　　　　수심　　　　심해　　　　표적

1 음식 맛의 숨겨진 □□은 양념장에 있다.

2 서해의 해수욕장은 □□이 얕고 경사가 완만하다.

3 코뿔소는 인간에 의한 서식지 파괴와 불법 □□으로 멸종 위기에 처하였다.

10 홈스, 모자 주인을 추리하다

❶ 나는 크리스마스 이틀 뒤에 홈스를 찾아갔다. 응접실 의자의 등받이 모서리에는 낡은 중절모가 걸려 있었다. 의자 위에 돋보기와 핀셋이 놓여 있는 것으로 보아, 홈스가 그 중절모를 조사하려는 듯했다.

"왓슨 왔는가? 그 모자는 우편배달부 피터슨이 크리스마스이브에 주웠는데 주인을 찾아 주고 싶다며 가져왔다네. 거위 한 마리와 함께 말이지."

"그래서 모자 주인을 찾았나?"

"그게 문제야. 거위의 왼쪽 다리에 '헨리 베이커 부인'이라고 쓰인 카드가 매어져 있었고, 모자 안쪽에 'H.B'라는 머리글자가 있지만 런던에는 이름이 '헨리 베이커'인 사람이 수백 명이지 않나. 그래서 모자를 보고 추리할 수 있는 데까지 해 보려고 한다네."

❷ 나는 모자를 살펴보았다. 흔한 둥근 모양의 검정 중절모로, 오래 썼는지 매우 낡아 있었다. 안감은 붉은색 비단이었는데 상당히 빛이 바래어 있었다. 제조 회사의 이름은 없었고, 모자 안쪽에는 'H.B'라는 머리글자가 써 있었다. 모자챙에는 모자를 매는 끈을 꿰는 구멍은 있었으나 끈은 없었다. 모자에 먼지가 잔뜩 끼어 있었으며, 얼룩이 진 부분을 감추려고 검은 잉크를 칠한 흔적도 보였다.

"그다지 특별한 점이 없는데……."

❸ "그렇지 않아, 왓슨. 자네는 모든 걸 보았어. 단지 추리를 하지 않은 것뿐이야. 모자가 너무 낡아서 좀 어렵지만 두세 가지는 확실하고, 나머지도 십중팔구는 들어맞으리라고 생각하네. 이 모자의 주인은 지금은 생활이 넉넉하지 않지만 3년 전만 해도 꽤 부유했을 거야. 원래는 준비성 있고 꼼꼼한 사람이지만 지금은 정신적으로 해이해져 있는 것 같아. 그러나 아직 자존심은 남아 있네."

❹ "홈스, 그냥 생각나는 대로 말하는 것 아닌가? 그 사람의 생활이 궁핍해졌다는 것은 어떻게 추리한 건가?"

"이 모자의 모양을 보게. 챙이 넓고 끝이 말려 올라간 것은 3년 전에 유행한 형태일세. 이건 상당히 값비싼 모자라네. 낡긴 했어도 모자 전체의 검은 비단과 안감은 매우 좋은 소재이지. 3년 전에 이런 좋은 모자를 샀던 사람이 그 뒤로는 새것을 사지 못하고 이 낡은 모자만 썼다면, 지금은 생활이 넉넉하지 않다는 걸 짐작할 수 있어."

5 "준비성이 있고 꼼꼼하던 사람이 지금은 그렇지 않다는 건?"

홈스는 웃으며 모자 끈을 꿰는 구멍을 가리켰다.

"원래 모자에는 이런 구멍이 없다네. 모자를 살 때 바람에 날아가지 않도록 끈을 매려고 구멍을 만들어 달라고 부탁한 것일 거야. 준비성이 있고 상당히 꼼꼼한 성격이었겠지만 지금은 그 끈을 매지 않은 채로 쓰고 다닌 듯하네. 또 잉크를 칠해서 모자의 얼룩을 감추려고 애쓴 걸 보면 아직 자존심을 잃지는 않은 것 같군."

◆ **중절모**: 꼭대기의 가운데를 눌러쓰는, 챙이 둥글게 달린 신사용의 모자
◆ **바래어**: 볕이나 습기를 받아 색이 변하여
◆ **십중팔구**: 열 가운데 여덟이나 아홉 정도로 거의 대부분이거나 거의 틀림없음
◆ **부유했을**: 재물을 풍부하게 가지고 있었을
◆ **해이해져**: 긴장이나 규율 따위가 풀려 마음이 느슨해져
◆ **궁핍해졌다**: 몹시 가난해졌다

≫ 글 내용 한눈에 보기 ●●●

3년 전에 **1** ⓸ ⓷ 한 형태의 값비싼 모자이며 몹시 낡고 먼지가 잔뜩 끼어 있음

↓

모자 주인은 3년 전에는 부유했으나 현재는 생활이 **2** ㄴ ㄴ 하지 않음

모자가 바람에 날아가지 않도록 끈을 맬 **3** ㄱ ㅁ 을 만들었으나 지금은 끈을 매지 않으며, 모자에 잉크를 칠해 얼룩을 감춤

↓

모자 주인은 준비성이 있고 꼼꼼한 성격이었으나 지금은 정신이 해이해졌으며, 아직 **4** ㅈ ㅈ ㅅ 을 잃지는 않음

글을 이해해요

내용 이해
01 이 글에 대한 설명이 맞으면 ◯, 틀리면 ✕ 표시를 하세요.

1 홈스는 '나'에게 모자 주인을 찾아 달라고 부탁하였다. [◯ / ✕]

2 '나'는 홈스가 추리한 내용을 듣자마자 신뢰할 만한 내용이라고 생각했다. [◯ / ✕]

내용 이해
02 홈스가 모자 주인에 대해 추리한 내용으로 알맞지 <u>않은</u> 것은 무엇인가요?

① 지금은 자존심을 잃은 사람일 것이다.
② 3년 전에는 꽤 부유했던 사람일 것이다.
③ 지금은 정신적으로 해이해진 사람일 것이다.
④ 지금은 생활이 넉넉하지 않은 사람일 것이다.
⑤ 예전에는 준비성이 있고 꼼꼼했던 사람일 것이다.

내용 추론
03 이 글에서 사건의 발단이 된 일은 무엇일까요?

① 홈스가 응접실에 앉아 있던 일
② '나'가 홈스의 집에 있는 낡은 중절모를 본 일
③ '나'가 크리스마스 이틀 뒤에 홈스를 찾아간 일
④ 거위 다리에 '헨리 베이커 부인'이라고 쓰인 카드가 매어져 있던 일
⑤ 우편배달부 피터슨이 홈스에게 모자를 가져와서 주인을 찾아 달라고 한 일

중심 내용 쓰기
04 이 글의 중심 내용을 한 문장으로 완성해 보세요.

홈스가 모자의 겉과 안의 모습을 살펴보고 ✎ _____

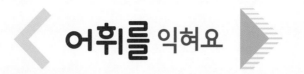

01 다음 낱말의 뜻을 찾아 바르게 연결해 보세요.

1 바래다 •

2 들어맞다 •

3 부유하다 •

• ㄱ 정확히 맞다.

• ㄴ 재물을 풍부하게 가지고 있다.

• ㄷ 볕이나 습기를 받아 색이 변하다.

02 제시된 뜻과 예문을 참고하여 다음 초성에 해당하는 낱말을 빈칸에 쓰세요.

1 ㅈ ㅂ ㅅ : 준비를 제대로 잘하는 성질

예 그녀는 모든 일에 (   ) 있는 자세로 임한다.

2 ㅈ ㅈ ㅁ : 꼭대기의 가운데를 눌러쓰는, 챙이 둥글게 달린 신사용의 모자

예 할아버지께서는 멋진 (   )를 눌러쓰시고 외출하셨다.

3 ㅅ ㅈ ㅍ ㄱ : 열 가운데 여덟이나 아홉 정도로 거의 대부분이거나 거의 틀림없음

예 학생들은 (   )가 성적 때문에 스트레스를 받는다.

03 다음 문장에 들어갈 알맞은 낱말을 보기에서 찾아 쓰세요.

보기

궁핍하다   넉넉하다   유행하다   추리하다   해이하다

1 탐관오리의 횡포에 백성들은 날로 ☐☐해졌다.

2 경기 후반 점수 차이가 많이 나자 이기고 있는 팀의 선수들은 ☐☐해졌다.

3 방 탈출 게임은 방 안에 숨겨진 단서의 의미를 ☐☐하여 방을 빠져나오는 게임이다.

어서 와, 경주는 처음이지

1 경주는 경상북도 동남쪽에 있는 도시이다. 신라의 수도였을 때에는 '서라벌'이라고 불리다가 935년에 신라가 고려에 항복한 뒤, '경주'로 바뀌었다. 신라의 천 년 역사를 고스란히 간직하고 있는 이곳은 도시 전체가 박물관이라고 할 만큼 다양한 문화유산이 남아 있다.

2 경주에는 신라의 왕과 왕비를 비롯하여 귀족이나 주인 모를 무덤까지 약 250여 기의 무덤이 있다. 그래서 시내에서도 커다란 동산 모양의 무덤을 흔히 볼 수 있다. 경주시 황남동의 대릉원에는 거대한 봉분을 갖춘 신라의 고분이 약 20여 기가 모여 있다. 그중 다음 세 기의 고분이 가장 유명하다. '미추왕릉'은 '대릉원'이라는 이름을 짓게 한 사연을 담고 있다. 『삼국사기』의 기록 중 '미추왕이 죽어 대릉(大陵)에 장사 지냈다.'라는 기록이 있어, 미추왕릉이 있는 이곳을 '대릉원'이라고 이름 붙였다. '황남대총'은 두 기의 무덤이 붙어 있는 형태로, 신라의 고분 중 가장 크다. 남쪽 무덤에서는 왕을 상징하는 유물이, 북쪽 무덤에서는 왕비를 상징하는 유물이 발견되어 부부가 함께 묻혔을 것으로 추정된다. '천마총'은 금관, 천마도(말이 하늘로 날아오르는 모습을 그린 그림)를 비롯하여 장신구와 무기, 그릇 등 총 1만 1,500여 점에 달하는 유물이 발굴된 무덤이다. 이곳에서 발견된 유물은 옛 신라인의 생활 모습과 문화를 짐작하는 데 귀중한 자료가 되었다.

3 첨성대는 '별을 보는 전망대'라는 뜻으로, 7세기 중엽 선덕 여왕 시절에 만들어졌다. 동양에서 가장 오래된 천문대로, 국보 제31호이다. 높이가 9m에 이르며 362개의 화강암을 화병처럼 쌓아올려 만들었고, 맨 위에는 우물 정(井) 자 모양으로 돌이 놓여 있다. 남쪽으로 난 정사각형의 창문 바깥에 사다리를 놓아 사람들이 첨성대 안으로 들어가고, 그 안에서 다시 사다리를 타고 꼭대기까지 올라가 별을 관측했을 것으로 보인다. 첨성대는 날씨를 예측하여 농사를 짓는 데 도움을 주거나 달력을 만드는 데 쓰였던 것으로 알려져 있다.

4 불국사와 석굴암에서는 신라의 불교문화를 엿볼 수 있다. 불국사는 토함산 기슭에 있는 절로, 그 안에는 석가탑, 다보탑, 청운교, 백운교 등 수많은 국보와 보물이 있다. 토함산 동쪽으로는 우리나라의 대표적인 석굴 사원인 석굴암이 있다. 단단한 화강암으로 된 부처상에서는 완벽하고 빼어난 조각 기법을, 석굴 모양에서는 독창적인 건축 방식을 확인할 수 있다. 불국사와 석굴암은 세계적으로 그 우수성을 인정받아 유네스코 세계 문화유산으로도 등재되었다.

5 국립 경주 박물관에서는 경주와 주변 지역에서 발굴된 신라 시대의 유물을 볼 수 있다. 박물관에 전시된 유물 중 방문객의 사랑을 가장 많이 받는 것은 성덕 대왕 신종과 천마총에서 나온 금관이다. 성덕 대왕 신종은 국보 제29호로, 우리나라에 남아 있는 종 가운데 가장 거대하며 종의 겉면에 새겨진 조각상이 아름답다. 장엄하면서도 신비로운 종소리가 아이 울음소리처럼 들린다고 하여 '에밀레종'이라고도 부른다. 천마총에서 나온 금관은 국보 제188호로, 금과 옥으로 된 장식이 가득 달려 있어 화려함의 극치를 보여 준다.

◆ **문화유산**: 앞의 세대에게서 물려받은 가치 있는 문화적 재산
◆ **고분**: 옛날에 만든 커다란 무덤
◆ **장사**: 죽은 사람을 땅에 묻거나 화장하는 일
◆ **등재되었다**: 일정한 사항이 장부나 대장에 올려졌다.
◆ **장엄하면서**: 깊은 감탄과 감동을 일으킬 만큼 규모가 크면서 아름다우며 인상적이면서
◆ **극치**: 도달할 수 있는 최고의 경지

❱❱ 글 내용 한눈에 보기 ●●●

1 ㄱ ㅈ	신라의 역사를 간직하고 있는 도시로, 다양한 문화유산이 남아 있음
대릉원	• 신라의 **2** ㄱ ㅂ 이 모여 있음 • 대표적인 고분으로는 미추왕릉, 황남대총, 천마총 등이 있음
3 ㅊ ㅅ ㄷ	• 동양에서 가장 오래된 천문대임 • 날씨를 예측하여 농사를 짓는 데 도움을 주거나 달력을 만드는 데 쓰였던 것으로 알려짐
불국사와 석굴암	• 신라의 **4** ㅂ ㄱ 문화를 보여 줌 • 세계적으로 그 우수성을 인정받아 유네스코 세계 문화유산으로 등재됨
국립 경주 박물관	• 경주와 주변 지역에서 발굴된 신라 시대의 유물을 볼 수 있음 • 성덕 대왕 신종, 천마총에서 나온 **5** ㄱ ㄱ 등이 전시됨

내용 이해

01 이 글에 대한 설명이 맞으면 ○, 틀리면 ✕ 표시를 하세요.

1 경주는 신라의 수도일 때부터 '경주'라고 불렸다. [○ / ✕]

2 국립 경주 박물관에 전시된 성덕 대왕 신종과 천마총에서 나온 금관은 모두 국보로 지정되었다. [○ / ✕]

내용 이해

02 경주의 유적이나 유물에 대한 설명으로 알맞지 <u>않은</u> 것은 무엇인가요?

[✎   ]

① 첨성대는 동양에서 가장 오래된 천문대로 알려져 있다.
② 대릉원에서는 천마총에서 발굴된 유물을 모두 볼 수 있다.
③ 석굴암에서는 단단한 화강암으로 조각된 부처상을 볼 수 있다.
④ 불국사는 석굴암과 함께 유네스코 세계 문화유산으로 등재되었다.
⑤ 성덕 대왕 신종은 신비로운 종소리 때문에 에밀레종이라고도 불린다.

내용 추론

03 경주를 여행하려는 목적에 따라 여행지를 추천하려고 합니다. 연결이 알맞지 <u>않은</u> 것은 무엇일까요?

[✎   ]

	경주를 여행하려는 목적	여행지
①	신라의 고분을 직접 보고 싶다면	대릉원
②	신라의 불교문화를 느껴 보고 싶다면	첨성대
③	석가탑, 다보탑 등 국보와 보물을 보고 싶다면	불국사
④	석굴 사원의 독창적인 건축 양식을 보고 싶다면	석굴암
⑤	금관을 비롯한 신라 시대의 유물을 보고 싶다면	국립 경주 박물관

중심 내용 쓰기

04 이 글의 중심 내용을 한 문장으로 완성해 보세요.

✎ _____의 천 년 역사를 고스란히 간직하고 있는 ✎ _____에는 다양한 ✎ _____이 남아 있다.

01 다음 낱말의 뜻을 찾아 바르게 연결해 보세요.

1 장사 ·

2 고스란히 ·

3 문화유산 ·

· ㄱ 죽은 사람을 땅에 묻거나 화장하는 일

· ㄴ 앞의 세대에게서 물려받은 가치 있는 문화적 재산

· ㄷ 조금도 줄어들거나 변한 것 없이 원래의 상태 그대로

02 제시된 뜻과 예문을 참고하여 다음 초성에 해당하는 낱말을 빈칸에 쓰세요.

1 ㄷ ㅈ 되다: 일정한 사항이 장부나 대장에 올려지다.

예 제주 화산섬과 용암 동굴은 세계 자연 유산으로 (   )되어 있다.

2 ㅂ ㄱ 되다: 땅속에 묻혀 있던 것이 발견되어 파내지다.

예 아파트 공사 지역에서 화석이 (   )되어 공사가 중단되었다.

3 ㅈ ㅇ 하다: 깊은 감탄과 감동을 일으킬 만큼 규모가 크면서 아름다우며 인상적이다.

예 바다 위로 해가 떠오르며 (   )한 광경이 펼쳐졌다.

03 다음 문장에 들어갈 알맞은 낱말을 보기에서 찾아 쓰세요.

보기

고분   국보   극치   금관   기슭

1 산의 서쪽 ☐☐ 에는 겨울철에 눈이 잘 녹지 않는다.

2 한복의 우아한 곡선은 한국적인 아름다움의 ☐☐ 라고 할 수 있다.

3 고구려의 ☐☐ 양식은 돌로 쌓은 돌무덤과 흙으로 쌓은 흙무덤으로 나누어진다.

12 터져야 제맛, 팝콘

1 우리가 흔히 쪄서 먹는 강원도 찰옥수수를 튀기면 팝콘이 될까? 아쉽지만 아무리 잘 말려서 전자레인지에 돌린다고 해도 팝콘이 되지는 않는다. 자칫하다가 새까맣게 타 버릴 뿐이다. 팝콘은 분명 옥수수를 튀겨서 만드는 것인데 왜 강원도 찰옥수수는 팝콘이 되지 않을까? 그 이유는 바로 옥수수의 종류에 있다. 옥수수는 색깔이나 크기, 모양 등에 따라 여러 종류로 나뉘는데, 강원도 찰옥수수는 알갱이가 큰 편으로 납질종 옥수수에 속한다. 반면에 팝콘용 옥수수는 알갱이가 작고 단단한 폭립종 옥수수로, 아메리카 대륙이 원산지이다.

2 납질종 옥수수는 알갱이가 크고 전분의 밀도가 낮아서 내부의 수분이 적기 때문에 뻥튀기를 만들 때 쓴다. 뻥튀기를 만들기 위해서는 높은 온도와 압력이 필요하다. 뻥튀기 기계에 납질종 옥수수를 넣고 열을 가하면 온도와 압력이 높아지는데, 이때 기계를 열면 내부의 압력이 갑자기 낮아지면서 옥수수가 부풀어 올라 뻥튀기가 된다. 반면 폭립종 옥수수는 알갱이가 작고 단단하며 전분의 밀도가 높아서 내부에 수분이 많다. 바로 이 수분 때문에 옥수수가 터지면서 팝콘이 된다.

3 물은 고체, 액체, 기체의 세 가지 상태로 존재한다. 액체였던 물이 기체로 변하면 부피가 엄청나게 증가한다. 예를 들어 물 한 방울이 수증기로 변하면 부피가 약 1,800배 정도 증가하는데, 2L 짜리 페트병 하나를 채울 정도라고 보면 된다. 팝콘은 옥수수 알갱이에 있던 수분이 기체로 변하면서 옥수수가 터지는 것이기에, 옥수수에 적당한 열만 가하면 쉽게 만들 수 있다.

4 그렇다면 프라이팬이나 전자레인지에 옥수수를 넣고 가열할 때 옥수수 알갱이에 어떤 변화가 일어나는지 살펴보자. 폭립종 옥수수는 단단한 녹말 껍데기가 알갱이를 감싸고 있는데, 옥수수에 열을 가하면 내부의 수분이 뜨거워진다. 열을 받아 뜨거워진 수분은 점점 기체로 변하지만, 기체 분자들은 빈틈이 없는 단단한 껍데기 때문에 밖으로 빠져나가지 못하고 알갱이 벽에 부딪치게 된다. 그러다 내부의 팽창을 견디지 못한 껍데기가 갈라지기 시작하고, 이때를 틈타 활발하게 움직이던 기체 분자들이 껍데기 틈으로 튀어나온다. 결국 '톡' 하는 소리와 함께 옥수수가 터지면서 팝콘이 되는 것이다.

5 같은 폭립종 옥수수라고 하더라도 알갱이의 모양에 따라 완성된 팝콘의 모양이 달라진다. 뾰족하고 표면이 고르지 않은 알갱이를 튀기면 길고 불규칙한 모양의 팝콘이 되는데, 마치 날개를 펼친 나비 모양 같다고 해서 이를 버터플라이형 팝콘이라고 부른다. 부스러지기 쉽지만 치즈 가루 같은 가루 양념을 뿌려 맛을 내기에 적당하다. 둥글고 표면이 반질반질한 알갱이를 튀기면 둥근 공 모양의 팝콘이 되는데, 버섯을 닮았다고 해서 이를 머시룸형 팝콘이라고 부른다. 잘 부서지지 않고 소스를 골고루 묻힐 수 있기 때문에 캐러멜 시럽을 뿌려 맛을 내기에 적당하다.

◆ **자칫하다가**: 어쩌다가 조금 어긋나 잘못되다가
◆ **전분**: 곡식, 열매, 뿌리 따위에 들어 있는 탄수화물
◆ **가하면**: 어떤 힘이나 영향을 미치거나 주면
◆ **팽창**: 크기나 길이가 부풀어 커지거나 늘어나는 것

▼ 글 내용 한눈에 보기 ●●●

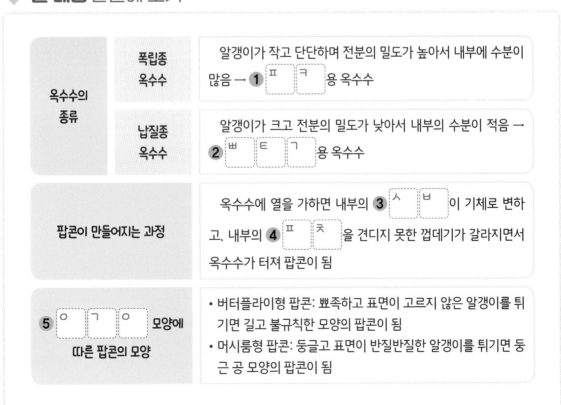

옥수수의 종류	폭립종 옥수수	알갱이가 작고 단단하며 전분의 밀도가 높아서 내부에 수분이 많음 → **1** ㅍㅋ 용 옥수수
	납질종 옥수수	알갱이가 크고 전분의 밀도가 낮아서 내부의 수분이 적음 → **2** ㅃㅌㄱ 용 옥수수
팝콘이 만들어지는 과정		옥수수에 열을 가하면 내부의 **3** ㅅㅂ 이 기체로 변하고, 내부의 **4** ㅍㅈ 을 견디지 못한 껍데기가 갈라지면서 옥수수가 터져 팝콘이 됨
5 ㅇㄱㅇ 모양에 따른 팝콘의 모양		• 버터플라이형 팝콘: 뾰족하고 표면이 고르지 않은 알갱이를 튀기면 길고 불규칙한 모양의 팝콘이 됨 • 머시룸형 팝콘: 둥글고 표면이 반질반질한 알갱이를 튀기면 둥근 공 모양의 팝콘이 됨

내용 이해

01 이 글에 대한 설명이 맞으면 ○, 틀리면 ✕ 표시를 하세요.

1 폭립종 옥수수는 알갱이가 작고 단단하며 내부에 수분이 많다. [○ / ✕]

2 둥글고 표면이 반질반질한 알갱이를 튀기면 둥근 공 모양의 팝콘이 되는데, 마치 날개를 펼친 나비 모양 같다고 해서 이를 버터플라이형 팝콘이라고 부른다. [○ / ✕]

내용 비판

02 보기와 같이 이 글을 설명할 때, 빈칸에 어떤 말이 들어가야 할까요? [✎   ]

> **보기**
>
> 이 글은 팝콘을 만들 수 있는 옥수수의 종류와 [   ]에 대해 설명하고 있다.

① 옥수수를 키우는 방법   ② 팝콘을 맛있게 먹는 방법
③ 옥수수가 팝콘이 되는 과정   ④ 팝콘과 뻥튀기의 맛의 차이점
⑤ 팝콘을 많이 먹으면 안 좋은 점

내용 이해

03 다음은 팝콘이 만들어지는 과정을 정리한 것입니다. 빈칸에 들어갈 알맞은 말을 쓰세요.

프라이팬이나 전자레인지에 **1** [   ] 옥수수를 넣고 가열함

↓

옥수수 내부의 **2** [   ] 이 뜨거워지면서 점점 기체로 변하지만, 단단한 껍데기 때문에 밖으로 빠져나가지 못함

↓

내부의 팽창을 견디지 못하고 껍데기가 갈라지며 **3** [   ] 분자들이 껍데기 틈으로 튀어나옴

↓

'톡' 하는 소리와 함께 옥수수가 터지면서 **4** [   ] 이 됨

중심 내용 쓰기

04 이 글의 중심 내용을 한 문장으로 완성해 보세요.

옥수수 알갱이에 있던 ✎ [   ] 이 ✎ [   ] 로 변하여 팽창하면서 옥수수가 터져 ✎ [   ] 이 된다.

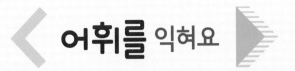

정답과 해설 29쪽

01 다음 낱말의 뜻을 찾아 바르게 연결해 보세요.

1 전분 •　　　• ㄱ 열매나 곡식의 낱알

2 표면 •　　　• ㄴ 사물의 가장 바깥쪽. 또는 가장 윗부분

3 알갱이 •　　　• ㄷ 곡식, 열매, 뿌리 따위에 들어 있는 탄수화물

02 제시된 뜻과 예문을 참고하여 다음 초성에 해당하는 낱말을 빈칸에 쓰세요.

1 ㅇ ㅅ ㅈ : 원료나 제품이 만들어진 곳

예 수입 농산물은 (　　　　　)를 표시해야 한다.

2 ㄱ 하다: 어떤 힘이나 영향을 미치거나 주다.

예 우리 팀은 마지막으로 세차게 공격을 (　　　　　)하였다.

3 ㅈ ㅊ 하다: 어쩌다가 조금 어긋나 잘못되다.

예 (　　　　　)하여 산에서 길을 잃으면 큰일이다.

03 다음 문장에 들어갈 알맞은 낱말을 보기에서 찾아 쓰세요.

보기

내부　　　밀도　　　압력　　　팽창

1 목재는 습도에 따라 수축과 [　　] 을 한다.

2 고대 무덤의 [　　] 에는 벽화가 그려져 있기도 하다.

13 일코노미를 아시나요

① '혼밥(혼자 밥 먹기)', '혼놀(혼자 놀기)', '혼영(혼자 영화 보기)' 등 요즘 유행하는 이런 말 속에는 가구 구성원이 한 명인 1인 가구가 늘고 있는 우리 사회의 모습이 담겨 있다. 결혼을 안 하거나 늦게 하는 풍토의 확산, 학교나 직장 때문에 가족과 따로 사는 사람들의 증가, 고령화 현상 등이 맞물려 1인 가구가 점차 늘고 있다. 통계청 자료에 따르면 2000년 222만 가구였던 1인 가구 수는 2020년 664만 가구로 늘어 전체 가구 중 31.7%를 차지하였다. 세 가구 중 한 가구가 1인 가구인 셈이다. 이에 발맞추어 '일코노미'가 주목을 받고 있다.

② '일코노미'는 한 사람을 뜻하는 '1인(人)'과 경제를 뜻하는 '이코노미(Economy)'가 합쳐진 용어로, 혼자서 경제생활을 꾸려 나가는 일을 일컫는다. 1인 가구는 전 연령에 걸쳐 있으나 특히 20~40대 젊은 층이 많다. 이들은 무엇보다 자신의 행복을 중요하게 여기고, 소비에도 자유로운 편이다. 1인 가구가 경제에 미치는 영향도 큰데, 1인 가구의 소비는 2010년 60조 원에서 2030년 194조 원으로 3배 이상 늘 전망이다.

③ 일코노미는 우리 경제 전반에 변화를 가져오고 있다. 대표적인 예로, 주택 시장에서는 도시를 중심으로 단지형 다세대 주택, 원룸형 주택, 기숙사형 주택과 같이 1인 가구를 위한 도시형 주택의 공급을 확대하고 있다. 또한 가전 시장에서는 1인 가구를 위한 작은 크기의 가전제품을 다양하게 선보이고 있다. 식품 시장에서도 간편식 매출이 급격히 늘었고 혼자 밥을 먹는 사람들을 위한 소포장·개별 포장 식품을 내놓고 있다. 1인 가구가 이용하기 좋은 편의점, 셀프 빨래방, 공유 경제 서비스 등이 늘고 있고, 1인 가구를 겨냥한 배달, 여행, 취미, 여가, 반려동물과 관련된 사업도 증가하고 있다.

④ 일코노미와 관련하여 생겨난 신조어도 있다. 기존에 있던 말인 '가성비'는 '가격 대비 성능의 비율'을 줄인 말로, 싼 가격에 비해 성능이나 효율이 좋은 물건을 사는 소비 태도와 관련이 있다. 이 말에서 '가격 대비 심리적 만족의 비율'을 뜻하는 '가심비'라는 말이 새로 생겨났다. 이는 다소 비싸거나 성능이 떨어지더라도 심리적으로 만족감을 주는 물건을 사는 소비 태도와 관련이 있다. '포미족(FORME族)'이라는 말도 있다. 여기서 '포미'는 건강(For health), 싱글(One), 여가(Recreation), 편의(More convenient), 고가(Expensive)의 앞 글자를 따온 말이다. 포미족은 자신이 가치 있다고 생각하거나 자신에게 만족을 주는 제품이라면 다소 비싸더라도 과감히 사는 사람이나 무리를 가리킨다.

5 1인 가구는 앞으로도 꾸준히 늘어날 것이며 이에 따라 우리 사회에 미치는 영향력도 더욱 커질 것이다. 2045년에는 1인 가구가 810만 가구로 늘어 전체 가구의 36.3%를 차지할 것으로 예상된다. 이중 절반 이상이 50~70대가 될 것이며, 1인 가구의 고령화가 가속화되어 지금과는 다른 양상을 보일 것이다. 우리는 이러한 변화에 발맞추려는 노력을 해야 한다. 단순히 1인 가구가 많아진다고 이를 겨냥한 제품이나 서비스 개발에만 매달려서는 안 된다. 한 발짝 더 나아가 1인 가구의 증가가 가져올 다양한 사회·문화적 변화에 관심을 기울이고 그에 알맞은 다양한 정책을 고민해야 한다.

◆ **고령화**: 한 사회에서 노인의 인구 비율이 높은 상태로 나타나는 일
◆ **전반**: 어떤 일이나 분야의 전부
◆ **가속화되어**: 속도가 더하여져
◆ **양상**: 사물이나 현상이 나타내는 모습이나 상태

❯❯ 글 내용 한눈에 보기 ●●●

1 ㅇㅋㄴㅁ 의 뜻		혼자서 경제생활을 꾸려 나가는 일
일코노미가 우리 2 ㄱㅈ 에 가져온 변화	주택 시장	도시를 중심으로 1인 가구를 위한 도시형 주택의 공급을 확대함
	가전 시장	1인 가구를 위한 작은 크기의 가전제품을 다양하게 선보임
	식품 시장	3 ㄱㅍㅅ 매출이 급격히 늘었고 혼자 밥을 먹는 사람들을 위한 소포장·개별 포장 식품을 내놓음
일코노미로 생겨난 4 ㅅㅈㅇ	가심비	다소 비싸거나 성능이 떨어지더라도 심리적으로 5 ㅁㅈㄱ 을 주는 물건을 사는 소비 태도와 관련됨
	포미족	자신이 가치 있다고 생각하거나 자신에게 만족을 주는 제품이라면 다소 비싸더라도 과감히 사는 사람이나 무리

글을 이해해요

내용 이해

01 이 글에 대한 설명이 맞으면 ○, 틀리면 ✕ 표시를 하세요.

1 '일코노미'는 혼자서 경제생활을 꾸려 나가는 일을 일컫는다. [○ / ✕]

2 '가심비'는 싼 가격에 비해 성능이나 효율이 좋은 물건을 사는 소비 태도와 관련이 있다.

[○ / ✕]

내용 추론

02 1인 가구가 늘고 있는 이유로 알맞지 <u>않은</u> 것은 무엇일까요? [✎   ]

① 결혼을 하지 않는 사람이 증가하고 있기 때문이다.
② 고령화 사회가 되어 혼자 사는 노인이 많아졌기 때문이다.
③ 사회 전반적으로 점점 결혼을 늦게 하는 분위기이기 때문이다.
④ 학교나 직장 때문에 가족과 따로 사는 사람이 증가하고 있기 때문이다.
⑤ 정부가 2인 이상의 가구보다 1인 가구를 더 많이 지원하고 있기 때문이다.

내용 이해

03 일코노미가 가져온 우리 경제의 변화로 알맞지 <u>않은</u> 것은 무엇인가요?

[✎   ]

① 1인 가구를 위한 도시형 주택의 공급이 늘었다.
② 배달 사업, 셀프 빨래방 사업 등이 크게 늘었다.
③ 완전히 조리되어 나오는 간편식의 매출이 늘었다.
④ 한 사람이 먹기 좋게 개별 포장된 식품이 많아졌다.
⑤ 대가족을 위한 대형 가전제품이 다양하게 출시되었다.

중심 내용 쓰기

04 이 글의 중심 내용을 한 문장으로 완성해 보세요.

> ✎_____는 앞으로도 꾸준히 늘어날 것이며, 이에 따라 혼자서 경제생활을
> 꾸려 나가는 ✎_____가 우리 사회에 미치는 ✎_____도 더욱 커
> 질 것이다.

58

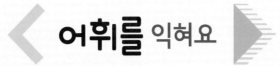
01 다음 낱말의 뜻을 찾아 바르게 연결해 보세요.

1 풍토 •

2 확산 •

3 신조어 •

• ㄱ 흩어져 널리 퍼지는 것

• ㄴ 새로 생긴 말. 또는 새로 귀화한 외래어

• ㄷ 어떤 일의 바탕이 되는 제도나 조건을 비유적으로 이르는 말

02 제시된 뜻과 예문을 참고하여 다음 초성에 해당하는 낱말을 빈칸에 쓰세요.

1 ㄱ ㅅ ㅎ 되다: 속도가 더하여지다.

　예 1인 가구의 증가 현상이 (　　　　)되고 있다.

2 ㅁ ㅁ 리다: 무엇이 서로 밀접한 관련을 맺으며 어우러지다.

　예 개발과 환경 오염은 항상 (　　　　)려 다니는 문제이다.

3 ㄱ ㄹ ㅎ : 한 사회에서 노인의 인구 비율이 높은 상태로 나타나는 일

　예 농촌 지역에서 (　　　　) 현상이 더욱 두드러지게 나타나고 있다.

03 다음 문장에 들어갈 알맞은 낱말을 보기 에서 찾아 쓰세요.

　보기

　　경제　　　성능　　　양상　　　전망　　　전반

1 현대 사회에서는 삶의 □□ 이 다양하게 나타난다.

2 교육 제도의 변화는 사회 □□ 에 걸쳐 영향을 준다.

3 한국 문화의 세계화가 당분간 계속될 것이라는 □□ 이 나왔다.

14 구름은 일기 예보관

❶ 소설 「삼국지」에는 제갈공명이 남동풍이 불도록 제사를 지내 전투에서 승리하는 장면이 나온다. 적군의 배에 불을 붙였는데 적진을 향해 남동풍이 강하게 불어 적진이 불바다가 된다. 정말 제갈공명의 제사 때문에 남동풍이 불었을까?

❷ 구름은 아주 작은 물방울이나 얼음 알갱이가 모여 공중에 떠 있는 것이다. 하늘로 올라갈수록 온도는 낮아지는데, 공기 중의 수증기가 위로 올라가다가 찬 공기를 만나면 엉기어 뭉쳐서 물방울이 된다. 이 물방울이 다시 수증기로 변했다가 또 다시 물방울이 되었다가를 반복하기 때문에 구름의 모양이 계속 변하는 것이다. 이처럼 구름은 공기가 차가운 하늘 위쪽에서 만들어지기 때문에 공기의 상승 운동이 활발한 곳에서 잘 생긴다. 공기가 산의 경사면을 따라 상승하는 경우나 지표면이 가열되어 데워진 공기가 하늘로 올라가는 경우에 생기며, 찬 공기와 더운 공기가 만났을 때 더운 공기가 찬 공기보다 가벼워 위로 밀려 올라가면서도 생긴다.

❸ 구름은 모양과 높이에 따라 10여 가지로 나뉜다. 구름의 모양이 위아래로 발달한 경우는 적운형 구름, 구름의 모양이 옆으로 발달한 경우는 층운형 구름이라고 한다. 높이에 따라서는 6km 이상의 높이에서 만들어지면 상층운, 2km 이상 6km 미만의 높이에서 만들어지면 중층운, 지상 2km 이내에서 만들어지면 하층운이라고 한다. 상층부와 하층부에 걸쳐서 생기는 수직운도 있다. 이를 좀 더 자세히 나누어 보면 다음과 같다.

상층운	• 권층운: 온 하늘을 뒤덮은 엷고 흰 면사포 모양으로, 햇무리와 달무리를 동반하며 비가 올 징조임 • 권적운: 희고 작은 구름 덩이가 촘촘히 흩어져 있는 양털 모양으로, 비가 올 징조임 • 권운: 하얀 섬유 같은 줄무늬 모양으로, 맑은 날씨에 나타나지만 비가 올 징조임
중층운	• 고층운: 잿빛이나 푸른색을 띤 층 모양으로, 약한 비나 눈이 올 징조임 • 고적운: 크고 둥글둥글하여 양 떼가 줄지은 모양으로, 비가 올 징조임
하층운	• 층적운: 두꺼운 덩어리가 층을 이룬 모양으로, 눈 또는 비를 동반함 • 난층운: 검은 회색의 두꺼운 모양으로, 눈 또는 비를 동반함 • 층운: 땅과 가까운 층 모양으로, 안개나 안개비를 동반함
수직운	• 적란운: 위가 산처럼 솟은 모양으로, 우박이나 소나기, 천둥, 번개를 동반함 • 적운: 밑은 평평하고 꼭대기는 솜처럼 뭉실뭉실한 모양으로, 맑은 날씨임

4 "달무리가 나타나면 비가 온다."라는 말이 전해진다. '달무리'는 달 주변에 생기는 둥그런 테를 말하는데 주로 권층운이 하늘을 덮을 때 나타나는 현상이다. 실제로 달무리 후에 비가 올 확률은 60~70% 정도로 정확도가 높은 편이다. "양떼구름(고적운)이 하늘에 걸리면 비가 온다.", "줄무늬가 있는 높은 구름(권운)이 보이면 날씨가 좋다." 등의 말도 있어 예로부터 구름이 날씨를 예측하는 도구로 쓰였음을 알 수 있다.

5 앞서 제갈공명이 승리로 이끌었다는 전투의 배경은 중국 양쯔강 근처이다. 이곳은 음력 11월 하순 무렵이면 북쪽에서 내려온 시베리아 고기압의 힘이 약해진다. 이때 남쪽을 지나는 이동성 고기압이 잠깐 힘을 얻으면 남동풍이 불 가능성이 높다. 어쩌면 제갈공명은 구름의 모양을 유심히 살펴보고 자연의 변화를 관찰하여 남동풍이 불 것을 예측하였던 것이 아닐까?

◆ **엉기어**: 액체나 가루 같은 것이 한데 뭉치거나 한 덩어리가 되면서 굳어져
◆ **경사면**: 비스듬히 기울어진 면
◆ **하순**: 한 달을 열흘씩 셋으로 나눌 때의 마지막 열흘

∨ 글 내용 한눈에 보기 ●●●

구름의 1 ㅁ ㅇ 에 따라	적운형 구름	구름의 모양이 위아래로 발달함
	층운형 구름	구름의 모양이 2 ㅇ 으로 발달함
구름이 만들어진 3 ㄴ ㅇ 에 따라	상층운	6km 이상의 높이에서 만들어짐
	4 ㅈ ㅊ ㅇ	2km 이상 6km 미만의 높이에서 만들어짐
	하층운	지상 2km 이내에서 만들어짐
	5 ㅅ ㅈ ㅇ	상층부와 하층부에 걸쳐서 만들어짐

글을 이해해요

내용 이해

01 이 글에 대한 설명이 맞으면 ○, 틀리면 ✕ 표시를 하세요.

1 이 글은 처음 부분에 역사적 사실을 제시하고 있다. [○ / ✕]

2 구름은 공기가 차가운 하늘 위쪽에서 만들어지므로 공기의 상승 운동이 활발한 곳에서
잘 생긴다. [○ / ✕]

내용 이해

02 구름의 종류에 대한 설명으로 알맞지 <u>않은</u> 것은 무엇인가요? [✎   ]

① 구름의 종류는 모양과 만들어진 높이에 따라 나뉜다.
② 구름이 지상 2km 이내에서 만들어지면 하층운이라고 한다.
③ 구름의 모양이 위아래로 발달한 경우에는 수직운이라고 한다.
④ 구름이 6km 이상의 높이에서 만들어지면 상층운이라고 한다.
⑤ 구름이 2km 이상 6km 미만의 높이에서 만들어지면 중층운이라고 한다.

내용 추론

03 비가 오겠다고 예측하기에 알맞지 <u>않은</u> 구름은 무엇일까요? [✎   ]

① 중간 하늘에 잿빛이나 푸른색을 띠는 층 모양의 구름
② 높은 하늘에 떠 있는 하얀 섬유 같은 줄무늬 모양의 구름
③ 밑은 평평하고 꼭대기는 솜처럼 뭉실뭉실한 모양의 구름
④ 중간 하늘에 크고 둥글둥글하여 양 떼가 줄지은 모양의 구름
⑤ 높은 하늘에 희고 작은 구름 덩이가 촘촘히 흩어져 있는 양털 모양의 구름

중심 내용 쓰기

04 이 글의 중심 내용을 한 문장으로 완성해 보세요.

구름은 ✎_____ 과 ✎_____ 에 따라 10여 가지로 나뉘며, 예로부터
✎_____ 하는 도구로 쓰였다.

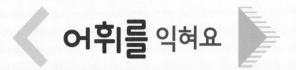

01 다음 낱말의 뜻을 찾아 바르게 연결해 보세요.

1 적진 •

2 하순 •

3 남동풍 •

• ㄱ 동남쪽에서 불어오는 바람

• ㄴ 적의 군대가 모여 진을 치고 있는 곳

• ㄷ 한 달을 열흘씩 셋으로 나눌 때의 마지막 열흘

02 제시된 뜻과 예문을 참고하여 다음 초성에 해당하는 낱말을 빈칸에 쓰세요.

1 ㅈ ㅈ : 어떤 일이 생길 눈치 또는 분위기

예 눈이 올 것 같은 ( )도 없었는데 갑자기 눈이 펑펑 내리기 시작했다.

2 ㄱ ㅇ 되다: 뜨거운 기운이나 열이 더해지다.

예 일부 아파트에서는 태양열로 ( )된 온수를 각 가정에 공급하고 있다.

3 ㅇ ㄱ 다: 액체나 가루 같은 것이 한데 뭉치거나 한 덩어리가 되면서 굳어지다.

예 식은 고기볶음 위에 하얀 기름이 ( )어 붙어 있다.

03 다음 문장에 들어갈 알맞은 낱말을 보기에서 찾아 쓰세요.

보기

경사면   고기압   달무리   불바다   유심히

1 선생님은 학생들의 몸동작을 [ ][ ][ ] 지켜보았다.

2 산불이 번지면서 사방이 삽시간에 [ ][ ][ ]로 변하였다.

3 등산을 할 때에는 [ ][ ][ ]에서 미끄러지지 않도록 주의해야 한다.

15 저작권 침해, 범죄일까

❶ '저작권'은 저작자나 그 권리를 이어받은 사람이 저작물에 대하여 행사할 수 있는 권리를 말한다. 여기에서 저작물이란 생각이나 감정을 독창적으로 표현하여 창작한 작품을 가리킨다. 인간의 지적·문화적 결과물을 포괄하므로 저작물에는 글은 물론 음악, 춤, 그림, 영화, 건축, 사진 등이 모두 포함된다. 이 권리는 법적으로 보호받을 수 있기에 저작권을 침해한 사람은 법을 위반한 것이므로 처벌을 받게 된다. 그렇다면 어떤 경우가 저작권을 침해하는 경우인지 다음 사례를 통해 살펴보자.

❷ 첫째, 다른 사람의 저작물을 자신의 것처럼 사용하는 경우이다. 인터넷에서 다른 사람의 창작물을 그대로 가져와서 마치 자신이 창작한 것처럼 개인 에스엔에스(SNS)에 올리는 일이나, 인터넷에서 찾은 자료를 짜깁기해서 자기가 쓴 보고서처럼 꾸미는 일은 모두 저작권을 침해하는 행동이다. 다른 사람이 만든 저작물의 일부 또는 전체를 몰래 가져다 쓰는 것은 표절이므로 절대 해서는 안 된다. 사용하고자 하는 자료가 있다면 저작권자에게 허락을 받은 후에 그 출처와 저작권자를 반드시 표기하여 사용해야 한다.

❸ 둘째, 자신이 구매한 저작물을 저작권자의 허락 없이 널리 퍼뜨리는 경우이다. 돈을 주고 산 노래 파일을 친구에게 메일로 전송하거나, 문제집이나 참고서 등을 스캔하여 인터넷에 올리는 것은 저작권을 침해하는 행동이다. 정당하게 노래 파일을 샀더라도 그것은 노래를 들을 수 있다는 의미이지 다른 사람에게 공유해도 된다는 의미가 아니다. 또한 좋은 의도로 한 일이더라도 스캔한 학습 자료를 무단으로 퍼뜨리는 것은 저작권을 침해한 행동이다.

❹ 셋째, 다른 사람이 조사하거나 연구한 결과를 왜곡하거나 과장하여 사용하는 경우이

다. 왜곡은 사실과 다르게 해석하거나 그릇되게 해석하는 것을 말하고, 과장은 사실을 지나치게 부풀려서 말하는 것을 뜻한다. 왜곡과 과장은 모두 사실이 아닌 거짓이라는 점에서 문제가 된다. 결과를 왜곡하거나 과장해서 자료를 사용하면 자신이 쓴 결과물도 거짓이 되고, 저작권자도 그로 인해 피해를 입을 수 있다.

⑤ 최근에는 저작권 보호 운동이 활발하게 이루어지고 있다. 저작물에 대한 저작권자의 정당한 권리를 인정해야 한다는 인식이 높아졌기 때문이다. 모든 저작물은 원칙적으로 정품을 구매해서 사용해야 한다. 그리고 자신이 구매한 것일지라도 여러 사람에게 퍼뜨리고 싶을 때에는 반드시 저작권자의 허락을 받아야 한다. 저작권을 보호하는 것은 재산을 보호하는 것과 같다. 다른 사람의 재산을 훔치는 것이 범죄이듯이, 저작물을 훔치는 것 역시 범죄이다. 다른 사람이 가진 재산을 그 사람이 노력하여 모은 것으로 인정하듯이, 저작권 역시 저작자가 노력하여 창작한 것에 대한 정당한 권리로 인정해야 한다.

◆ **저작자**: 저작물을 창작한 사람. 저작권을 행사할 수 있는 사람
◆ **포괄하므로**: 여러 대상이나 현상 따위를 어떤 범위 안에 모두 넣으므로
◆ **침해한**: 함부로 남의 일에 끼어들어 해를 끼친
◆ **스캔하여**: 그림이나 사진, 문자 따위를 복사하듯 읽어서 이미지 파일로 저장하여

❱❱ **글 내용** 한눈에 보기 ●●●

| 저작권의 뜻 | 저작자나 그 권리를 이어받은 사람이 저작물에 대해 행사할 수 있는 ❶ ㄱ ㄹ 임 |

저작권 침해 사례 ①	저작권 침해 사례 ②	저작권 침해 사례 ③
다른 사람의 저작물을 자신의 것처럼 사용함	자신이 구매한 저작물을 저작권자의 ❷ ㅎ ㄹ 없이 널리 퍼뜨림	다른 사람이 조사하거나 연구한 결과를 ❸ ㅇ ㄱ 하거나 과장함

| 저작권을 보호하는 방법 | • 모든 저작물은 원칙적으로 ❹ ㅈ ㅍ 을 구매해서 사용함
• 저작물을 여러 사람에게 퍼뜨리고 싶을 때에는 반드시 저작권자의 허락을 받음 |

내용 이해

01 이 글에 대한 설명이 맞으면 ◯, 틀리면 ✕ 표시를 하세요.

1 저작물에는 글, 음악, 춤, 그림, 영화, 건축, 사진 등이 모두 포함된다. [◯ / ✕]

2 다른 사람의 재산을 훔치는 것은 범죄이지만, 다른 사람의 저작물을 몰래 사용하는 것은 범죄가 아니다. [◯ / ✕]

내용 비판

02 다음 중 저작권을 침해하지 <u>않은</u> 사람은 누구일까요? [✎   ]

① 영화 파일을 구매하여 가족과 감상한 효은
② 문제집 전체를 사진 찍어 자신의 블로그에 올린 근호
③ 인터넷에 올라온 글을 짜깁기하여 글쓰기 대회에서 입상한 진희
④ 다른 사람이 인터넷에 올린 사진을 자신이 찍은 것처럼 블로그에 올린 미나
⑤ 유명한 과학자의 실험 결과를 자신이 원하는 방향으로 내용을 수정해서 쓴 은진

내용 추론

03 저작권을 보호하는 방법으로 알맞지 <u>않은</u> 것은 무엇일까요? [✎   ]

① 다른 사람이 조사하거나 연구한 결과는 사실에 근거하여 사용한다.
② 다른 사람이 올린 자료를 사용할 때에는 출처와 저작권자를 표기한다.
③ 구매한 저작물을 다른 사람에게 공유하기 전에 받을 사람의 동의를 구한다.
④ 컴퓨터 프로그램은 무료 배포용으로 나온 것이 아니면 정품을 구매하여 사용한다.
⑤ 저작권자의 허락을 받아 인터넷 사이트에서 읽은 소설의 일부를 자신의 블로그에 올린다.

중심 내용 쓰기

04 이 글의 중심 내용을 한 문장으로 완성해 보세요.

저작권을 ✎＿＿＿＿＿＿＿＿＿＿는 범죄이므로, 저작권을 저작물에 대한 저작자의
정당한 권리로 ✎＿＿＿＿＿＿＿＿＿ 보호해야 한다.

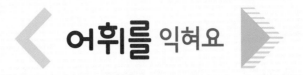

01 다음 낱말의 뜻을 찾아 바르게 연결해 보세요.

1 스캔하다 •

2 정당하다 •

3 짜깁기하다 •

• ㄱ 이치에 맞아 올바르고 마땅하다.

• ㄴ 기존의 글이나 영화 따위를 편집하여 하나의 완성품으로 만들다.

• ㄷ 그림이나 사진, 문자 따위를 복사하듯 읽어서 이미지 파일로 저장하다.

02 제시된 뜻과 예문을 참고하여 다음 초성에 해당하는 낱말을 빈칸에 쓰세요.

1 ㅇ ㄷ : 어떤 일을 하고자 하는 마음속의 생각이나 계획

예 독자는 작가의 (   )를 파악하며 글을 읽는다.

2 ㅍ ㄱ 하다: 여러 대상이나 현상 따위를 어떤 범위 안에 모두 넣다.

예 한국어는 우리말과 우리글을 (   )하는 용어이다.

3 ㅈ ㅈ ㅈ : 저작물을 창작한 사람. 저작권을 행사할 수 있는 사람

예 사용하고자 하는 자료가 있다면 (   )에게 허락을 받아야 한다.

03 다음 문장에 들어갈 알맞은 낱말을 보기에서 찾아 쓰세요.

보기

공유하다   과장하다   침해하다   해석하다   행사하다

1 나의 자유가 다른 사람의 자유를 [   ] 해서는 안 된다.

2 학생회장 선거에서 모든 학생은 투표권을 [   ] 할 수 있다.

3 우리 반은 학급 게시판을 통해 교내 일정이나 학습 자료를 [   ] 한다.

노극청과 현덕수 이야기

① 고려 명종 때, 노극청이라는 선비가 살았다. 그는 몹시 가난했는데, 갈수록 살길이 막막해지자 입에 풀칠이라도 하기 위해 집을 팔려고 내놓았다. 그러나 하루 또 하루 시간이 흘러가도 좀처럼 집을 사겠다는 사람은 나타나지 않았다.

② 그러던 어느 날, 노극청이 볼일이 있어 집을 비운 사이에 현덕수라는 인물이 찾아와 집을 사겠다고 나섰다. 노극청의 아내는 이때를 놓치지 않고 은 열두 근을 받고 현덕수에게 집을 팔았다. 저녁 무렵이 되어 노극청이 돌아오자, 아내는 현덕수에게 집을 판 이야기를 자랑스럽게 말했다. 아주 후한 값에 집을 팔았기 때문이다. 그러나 이 말을 들은 노극청은 버럭 화를 내었다. 아내가 집값을 너무 비싸게 받았다고 생각했기 때문이다. 노극청은 아내를 꾸짖었다.

"참으로 부끄러운 일이오. 당신은 어찌 그리 비싼 값에 집을 팔았단 말이오. 내 옳지 못한 일을 하고 이대로 넘길 수는 없으니, 그를 만나 돈을 돌려주고 오겠소."

③ 이튿날, 날이 밝자마자 노극청은 은 세 근을 가지고 현덕수를 찾아갔다.

"내 집이 가난하여 호구할 길이 없어, 집을 팔아 은 아홉 근을 만들 작정이었는데, 집을 비운 사이 그만 아내가 은 열두 근에 집을 팔았소. 내가 이 집을 살 때 은 아홉 근밖에 주지 않았고, 몇 년을 살면서도 서까래 한 번 수리하지 못했소. 그런데 은 세 근을 더 받고 어찌 집을 팔 수 있겠소. 이는 양심을 저버리는 일일 것이오. 그래서 내 은 세 근을 돌려주려고 이렇게 찾아왔소."

노극청은 이렇게 말하며 가져온 은 세 근을 현덕수에게 내밀었다.

④ 노극청의 말을 들은 현덕수는 다음과 같이 말하였다.

"어찌 당신에게만 양심이 있고, 나에게는 없단 말이오. 나 또한 이미 제값을 주고 집을 산 이상, 이 돈을 돌려받을 수는 없소."

현덕수는 돈을 돌려받으라는 제안을 거절했지만, 노극청 또한 물러서지 않았다.

"나는 지금껏 옳지 않은 일은 한 번도 한 적이 없는데, 어찌 집을 싸게 사서 비싸게 팔아 이익을 남기겠소. 만일 당신이 끝내 은 세 근을 돌려받지 않겠다면, 나는 은을 모두 돌려주고 집을 무를 수밖에 없소."

노극청의 태도가 너무 단호하였기에, 결국 현덕수는 은 세 근을 돌려받을 수밖에 없었다.

5 그러나 현덕수 또한 매사에 청렴한 인물로 소문난 사람이었다. 그는 "내가 어찌 노극 청만 못한 사람이 되기를 바라겠는가."라고 하면서 자신이 돌려받은 은 세 근을 절에 시주 하였다. 당시는 인심이 매우 사납던 시대였기에, 노극청과 현덕수의 이야기를 들은 사람들 은 하나같이 두 사람의 인품에 감동을 받았다.

◆ **호구할**: 겨우 끼니를 이어 갈
◆ **서까래**: 지붕을 떠받치기 위하여 지붕의 용마루에서 벽까지 나란히 걸쳐 놓은 재목
◆ **청렴한**: 성품과 행실이 높고 맑으며, 재물을 탐하는 욕심이 없는
◆ **시주하였다**: 자비심으로 조건 없이 절이나 승려에게 물건을 베풀어 주었다.

﹀ **글 내용** 한눈에 보기 ●●●

가난한 선비 노극청이 살림이 어려워져 **1** [ㅈ]을 팔려고 하였으나, 살 사람이 나타나지 않음

⬇

노극청이 집을 비운 사이에 아내가 현덕수에게 은 **2** [ㅇ][ㄷ] 근을 받고 집을 팔았고, 이를 알게 된 노극청이 집을 비싸게 팔았다며 아내를 꾸짖음

⬇

노극청이 현덕수를 찾아가 집을 비싸게 팔 수 없다며 은 **3** [ㅅ] 근을 돌려줌

⬇

현덕수는 은 세 근을 돌려받을 수 없다고 거절했지만, 노극청의 태도가 너무 **4** [ㄷ][ㅎ]했 기에 결국 돈을 돌려받음

⬇

현덕수는 돌려받은 돈을 절에 **5** [ㅅ][ㅈ]했고, 두 사람의 이야기를 들은 사람들은 두 사람 의 인품에 감동을 받음

내용 이해

01 이 글에 대한 설명이 맞으면 ◯, 틀리면 ✕ 표시를 하세요.

1 노극청은 처음 집을 살 때 지불한 가격만큼만 받고 집을 팔려고 하였다. [◯ / ✕]

2 현덕수는 자신이 산 집의 가격으로 은 아홉 근이 적당하다고 판단하였다. [◯ / ✕]

내용 비판

02 다음은 이 글에 나타난 노극청과 현덕수의 태도를 정리한 것입니다. 빈칸에 들어갈 알맞은 말을 쓰세요.

노극청의 태도	현덕수의 태도
• 은 열두 근의 **1** [＿＿＿] 값에 집을 팔 수 없다며, 세 근을 돌려주려고 함 • 은 세 근을 돌려받지 않는다면 돈을 모두 돌려주고 거래를 무를 것이라고 말함	• 자신에게도 **2** [＿＿＿] 이 있다며, 제 값을 치른 돈은 돌려받지 않겠다고 거절함 • 어쩔 수 없이 돌려받은 은 세 근을 모두 절에 시주함

노극청과 현덕수는 모두 성품이 올바르고 **3** [＿＿＿] 을 탐하지 않음

내용 추론

03 이 글에서 알 수 있는 당시 삶의 모습으로 알맞지 <u>않은</u> 것은 무엇일까요?

[✎   ]

① 은이 화폐의 기능을 하였다.
② 은의 무게를 재는 단위로 '근'이 사용되었다.
③ 노극청, 현덕수와 같이 올곧은 사람을 높이 평가하였다.
④ 여자들도 집을 사고파는 등의 중대한 일에 참여할 수 있었다.
⑤ 집을 비싸게 팔았다고 생각되면 일부를 돌려줄 정도로 사람들의 인심이 좋았다.

중심 내용 쓰기

04 이 글의 중심 내용을 한 문장으로 완성해 보세요.

노극청은 은 열두 근의 비싼 값을 받고 집을 팔 수 없다며 ✎＿＿＿＿＿＿＿ 을 현덕수에게 돌려주었고, 현덕수는 돌려받은 돈을 절에 ✎＿＿＿＿＿＿＿

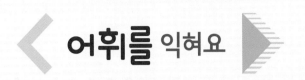
01 다음 낱말의 뜻을 찾아 바르게 연결해 보세요.

1 인품 •   • ㄱ 물건의 가치에 맞는 가격

2 제값 •   • ㄴ 사람이 사람으로서 가지는 품격이나 됨됨이

3 서까래 •   • ㄷ 지붕을 떠받치기 위하여 지붕의 용마루에서 벽까지 나란히 걸쳐 놓은 재목

02 제시된 뜻과 예문을 참고하여 다음 초성에 해당하는 낱말을 빈칸에 쓰세요.

1 ㅁ ㅁ 하다: 아득하고 막연하다.

   예 앞으로 무엇을 해야 할지 (   )하기만 하였다.

2 ㅎ ㄱ 하다: 겨우 끼니를 이어 가다.

   예 전쟁으로 농토를 잃어버린 농민들은 (   )할 길이 없었다.

3 ㅎ 하다: 마음 씀씀이나 태도가 너그럽다.

   예 우리 조는 조별 과제에서 (   )한 점수를 받았다.

03 다음 문장에 들어갈 알맞은 낱말을 보기에서 찾아 쓰세요.

보기
단호하다   수리하다   시주하다   청렴하다

1 성품이 매우 [   ] 한 그 선비는 가난한 삶에도 만족할 줄 안다.

2 할아버지께서는 재산의 일부를 평소 다니시던 절에 [   ] 하셨다.

71

1인 미디어 전성시대

1 최근 초등학생의 장래 희망 1, 2위가 개인 방송을 하는 '유튜버'일 정도로 1인 미디어의 인기가 날로 높아지고 있다. 미디어는 대중에게 대량으로 정보를 전달하는 매체를 일컫는데, 그동안에는 주로 신문, 라디오, 텔레비전 등이 이 역할을 하였다. 오늘날에는 이러한 전통적 미디어가 축소되고 그 자리를 1인 미디어가 채워 가고 있다. 1인 미디어란 개인이 사진, 글, 영상 등의 콘텐츠를 직접 기획하고 만들어 대중에게 내보내는 서비스를 말한다. 인터넷상에서 누구나 정보를 생산하고, 개인의 의견을 자유롭게 표출할 수 있게 된 것이다.

2 1인 미디어는 인터넷이 대중화되고 스마트폰과 같은 디지털 기기가 발전하면서 등장하였다. 1인 미디어의 시작은 블로그라고 할 수 있는데, 주로 개인적인 기록을 남기던 초기와 달리 최근에는 칼럼이나 리뷰 등과 같이 좀 더 전문적이고 공식적인 정보를 담은 블로그가 많아지고 있다. 이후 오디오 파일이나 비디오 파일 형태로 다양한 콘텐츠를 인터넷을 통해 제공하는 팟캐스트가 등장하였다. 그다음으로 나온 것이 동영상을 기반으로 한 1인 방송이다. 스마트폰만 있으면 누구나 쉽게 영상을 촬영할 수 있고 촬영한 영상을 편집하여 인터넷에 바로 올릴 수 있기 때문에, 1인 방송은 앞으로 계속 성장할 것으로 예상된다.

3 1인 미디어의 대표적인 특징을 살펴보면 다음과 같다. 먼저 쌍방향 소통이 가능하다. 전통적 미디어는 창작자가 시청자에게 콘텐츠를 일방적으로 전달했다면, 1인 미디어는 창작자와 시청자가 댓글이나 실시간 대화 등을 통해 바로 소통할 수 있다. 또한 1인 미디어는 콘텐츠의 소재가 무척 다양하다. 개인이 직접 콘텐츠를 만들기 때문에 다른 어떤 매체보다도 소재가 다양하고 개성이 뚜렷하다. 음식, 게임, 영화, 뷰티, 스포츠 등 다양한 장르의 콘텐츠가 생산되다 보니, 시청자가 골라 볼 수 있는 선택의 폭 역시 넓어졌다.

4 반면, 1인 미디어의 한계도 분명히 존재한다. 확인되지 않은 정보나 저작권을 침해한 콘텐츠가 유통되기 쉽다는 것이다. 전통적 미디어는 심의 제도가 있어서 이를 거쳐 콘텐츠를 내보냈지만, 1인 미디어는 개인 방송이다 보니 사전 점검이 부족한 경우가 많다. 이는 1인 미디어의 허위 사실 유포, 무분별한 저작권 침해 등의 문제가 끊이지 않고 있다는 점을 통해 확인할 수 있다. 게다가 대다수의 1인 미디어는 짧은 시간에 간편하게 즐길 수 있는 내용을 다루고 있고, 제작 기간도 짧아서 완성도 높은 콘텐츠를 기대하기 어렵다. 또한 조회 수를 늘리기 위해 지나치게 자극적으로 만든 질 낮은 콘텐츠도 많아서 문제가 되고 있다.

5 지금까지 1인 미디어의 특징과 한계를 살펴보았다. 그렇다면 1인 미디어의 영향력이 점점 커지고 있는 오늘날, 1인 미디어의 바람직한 발전을 위해 어떤 노력이 필요할까? 먼저 1인 미디어 창작자는 오락적이고 상업적인 콘텐츠만 개발할 것이 아니라, 시청자에게 유익한 정보를 담은 콘텐츠를 생산해야 할 것이다. 시청자 역시 너무 자극적이거나 자신에게 좋지 않은 영향을 주는 콘텐츠는 걸러 낼 수 있어야 한다. 또한 1인 미디어 산업과 관련한 업체에서는 창작자가 좋은 품질의 콘텐츠를 개발할 수 있도록 지원해야 하고, 정부에서도 관련 법을 정비하고 1인 미디어가 제대로 법을 지키고 있는지 지켜보아야 한다. 이처럼 모두가 함께 노력할 때 1인 미디어가 건강하게 뿌리를 내릴 수 있을 것이다.

◆ **표출할**: 겉으로 나타낼
◆ **심의**: 심사하고 토의함
◆ **유포**: 세상에 널리 퍼짐. 또는 세상에 널리 퍼뜨림

⯆ **글 내용** 한눈에 보기 •••

뜻	**1** ㄱ ㅇ 이 사진, 글, 영상 등의 콘텐츠를 직접 기획하고 만들어 대중에게 내보내는 서비스
등장 배경	**2** ㅇ ㅌ ㄴ 이 대중화되고 디지털 기기가 발전하면서 등장함
특징	• **3** ㅆ ㅂ ㅎ 소통이 가능함 • 콘텐츠의 소재가 무척 다양함
한계	• 확인되지 않은 정보나 **4** ㅈ ㅈ ㄱ 을 침해한 콘텐츠가 유통되기 쉬움 • 완성도 높은 콘텐츠를 기대하기 어려움

1인 미디어

01 이 글에 대한 설명이 맞으면 ○, 틀리면 ✕ 표시를 하세요.

1 1인 미디어의 대표적인 예로 신문, 라디오, 텔레비전 등이 있다. [○ / ✕]

2 1인 미디어는 인터넷이 대중화되고 디지털 기기가 발전하면서 등장하였다. [○ / ✕]

02 이 글에서 알 수 있는 1인 미디어의 특징 및 한계로 알맞지 <u>않은</u> 것은 무엇일까요?

[ ]

① 콘텐츠의 소재가 다양하고 개성이 뚜렷하다.
② 완성도 높은 품질의 콘텐츠를 기대하기는 어렵다.
③ 콘텐츠 창작자가 확인되지 않은 잘못된 정보를 올리기도 한다.
④ 창작자의 나이나 직업에 따라 제작할 수 있는 콘텐츠가 제한적이다.
⑤ 시청자가 창작자와 쌍방향으로 소통하며 콘텐츠에 직접 참여할 수 있다.

03 1인 미디어의 발전을 위한 노력으로 알맞은 것은 무엇일까요?

[ ]

① 1인 미디어 관련 업체는 상업적인 콘텐츠가 활성화되도록 지원한다.
② 창작자는 시청자가 재미있어하는 자극적인 콘텐츠를 최우선으로 만든다.
③ 정부는 1인 미디어 콘텐츠가 너무 많이 나오지 못하도록 법으로 규제한다.
④ 창작자는 콘텐츠에 어울리는 음악이라면 저작자의 허락이 없어도 사용한다.
⑤ 시청자는 콘텐츠의 내용이 사실인지, 자신에게 유익한지 따져 가며 이용한다.

04 이 글의 중심 내용을 한 문장으로 완성해 보세요.

1인 미디어는 ✎＿＿＿＿＿＿＿＿＿＿＿이 가능하고 콘텐츠의 소재가 무척 다양하다는 특징이 있으나, ✎＿＿＿＿＿＿＿＿＿＿＿나 저작권을 침해한 콘텐츠가 유통되기 쉽고 완성도 높은 콘텐츠를 기대하기 어렵다는 한계를 지닌다.

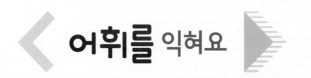
01 다음 낱말의 뜻을 찾아 바르게 연결해 보세요.

1 심의 •
2 유포 •
3 허위 •

• ㄱ 심사하고 토의함

• ㄴ 진실이 아닌 것을 진실인 것처럼 꾸민 것

• ㄷ 세상에 널리 퍼짐. 또는 세상에 널리 퍼뜨림

02 제시된 뜻과 예문을 참고하여 다음 초성에 해당하는 낱말을 빈칸에 쓰세요.

1 ㅈ ㅌ ㅈ : 예로부터 이어져 내려오는. 또는 그런 것

예 사회가 급격히 변하면서 (   ) 가치관이 흔들리고 있다.

2 ㄷ ㅈ ㅎ 되다: 대다수의 사람들에게 널리 퍼져 친숙해지다.

예 달리기가 (   )되면서 공원에서 달리는 사람을 쉽게 볼 수 있다.

3 ㅆ ㅂ ㅎ : 한쪽으로만 향하는 것이 아니라 양쪽을 서로 향하는 것

예 대화는 말하는 사람과 듣는 사람이 역할을 바꾸어 가며 (   )으로 소통한다.

03 다음 문장에 들어갈 알맞은 낱말을 보기 에서 찾아 쓰세요.

보기

기반   제공   침해하다   표출하다

1 그는 자신의 감정을 적극적으로 [   ] 하고자 하였다.

2 수많은 데이터를 [   ] 으로 하는 인공 지능이 핵심 기술로 떠오르고 있다.

1대 29대 300의 법칙

1 건물이 무너지거나 공장에 불이 나거나 하는 대형 사고에 대한 기사를 본 적이 있을 것이다. 대형 사고가 일어나면 수많은 사람이 다치거나 목숨을 잃고, 물질적인 피해도 크게 입는다. 우리나라뿐만 아니라 전 세계 곳곳에서 이런 대형 사고가 일어나고 있다. 그렇다면 대형 사고는 아무런 예고 없이 우연히 일어나는 것일까? 아니면 일정한 법칙에 따라 일어나는 것일까?

2 미국의 한 보험 회사에서 근무하던 하인리히는 일의 특성상 수많은 사고에 대한 통계 자료를 분석했는데, 이때 아주 의미 있는 법칙을 발견했다. 평균적으로 한 건의 대형 사고가 일어나기 전에는 반드시 유사한 작은 사고가 29번 발생하고, 그 전에 300번의 사소한 징후가 먼저 나타난다는 것이다. 대형 사고가 이와 같이 일정한 법칙에 따라 일어나는 현상을 가리켜 '하인리히 법칙' 또는 '1 : 29 : 300의 법칙'이라고 부른다. 이 법칙은 대부분의 대형 사고는 예고된 것이며, 실제로 사고가 발생하지 않았다고 해서 이를 무시하면 더 큰 사고로 이어진다는 것을 보여 준다.

3 우리는 하인리히 법칙에서 크게 두 가지 사실을 알 수 있다. 첫째, 사소한 징후들을 무시하고 대처를 미루면 결국에는 대형 사고로 이어진다는 것이다. 예를 들어 급격한 코너가 있는 도로에 이를 알리는 표지판이 없어 운전자들이 당황해하는 일이 반복되다 보면 큰 교통사고가 일어날 수 있다. 우리 속담에 '호미로 막을 것을 가래로 막는다'라는 말이 있다. 커지기 전에 처리했으면 쉽게 해결되었을 일을 방치해 두었다가 나중에 큰 힘을 들인다는 말이다. 초기에 나타나는 사소한 징후들을 눈여겨봐야 하는 이유가 여기에 있다.

4 둘째, 작은 사고는 꼬리에 꼬리를 물고 다른 사고로 계속 이어진다는 것이다. 하지만 대형 사고가 발생하기 전에 사고를 일으킬 만한 요인을 없애면 사고의 연결 고리를 끊을 수 있다. 하인리히는 사고를 일으킬 만한 요인을 '1단계: 유전적 요소와 사회적 환경', '2단계: 개인적인 결함', '3단계: 불안전한 행동이나 상태'와 같이 단계별로 구분했다. 그중에서도 3단계 요인에 주목했는데, 이 요인은 '설마 사고가 나겠어?'라고 생각하여 안전 지시를 무시하거나 기계의 결함을 방치하는 행동을 말한다. 1단계와 2단계는 없애기 어렵지만 3단계는 비교적 없애기 쉽기 때문에, 이 요인을 없애서 다른 사고로 이어지는 사고의 연결 고리를 끊어야 한다고 본 것이다.

5 하인리히 법칙은 각종 사고나 재해와 관련하여 발견한 법칙이지만, 개인의 삶에까지 광범위하게 적용된다. 우리는 사소한 문제가 발생했을 때 자신의 실수를 알아차리지 못하는 경우도 있고, 알아차리더라도 작은 실수라며 무시하는 경우도 있다. 이러한 작은 실수들이 모이고 모이면 끝내 큰 실패를 낳을 수 있다. 사소한 문제가 발생했을 때 이를 자세히 살피고 문제의 원인을 찾아 잘못된 점을 바로잡는 습관을 길러야 한다. 그렇게 한다면 사소한 문제가 큰 실패로 이어지는 것을 막을 수 있을 것이다.

◆ **징후**: 겉으로 나타나는 낌새
◆ **대처**: 어떤 정세나 사건에 대하여 알맞은 조치를 취함
◆ **방치해**: 내버려 두어
◆ **재해**: 지진, 태풍, 홍수, 화재 따위의 재앙으로 말미암아 받는 피해
◆ **광범위하게**: 범위가 넓게

≫ 글 내용 한눈에 보기 ●●●

하인리히 법칙	한 건의 **1** ㄷ ㅎ 사고가 일어나기 전에 유사한 작은 사고가 29번 발생하고, 그 전에 300번의 사소한 **2** ㅈ ㅎ 가 먼저 나타남
하인리히 법칙에서 알 수 있는 사실	• 사소한 징후들을 **3** ㅁ ㅅ 하고 대처를 미루면 결국 대형 사고로 이어짐 • 대형 사고로 이어지는 사고 요인을 없애면 사고의 **4** ㅇ ㄱ ㄱ ㄹ 를 끊을 수 있음

↓

우리의 삶에 적용되는 하인리히 법칙	작은 실수들이 모이고 모이면 끝내 큰 **5** ㅅ ㅍ 를 낳을 수 있으므로, 사소한 문제가 발생했을 때 문제의 원인을 찾아 잘못된 점을 바로잡는 습관을 길러야 함

내용 이해
01 이 글에 대한 설명이 맞으면 ○, 틀리면 ✕ 표시를 하세요.

1 하인리히가 구분한 사고를 일으킬 만한 요인 중 3단계 요인인 '불안전한 행동이나 상태'는 없애기 어렵다. [○ / ✕]

2 개인의 삶에서 사소한 문제가 발생했을 때 문제의 원인을 찾아 잘못된 점을 바로잡으면 큰 실패로 이어지는 것을 막을 수 있다. [○ / ✕]

내용 이해
02 이 글을 읽고 알 수 있는 내용으로 알맞지 <u>않은</u> 것은 무엇인가요? [🖉]

① 하인리히 법칙의 내용
② 대형 사고를 막을 수 있는 방법
③ 대형 사고가 일어나는 일정한 법칙
④ 하인리히 법칙이 적용되지 않는 사례
⑤ 사소한 징후를 무시하면 안 되는 이유

내용 추론
03 다음과 같이 하인리히 법칙(1 : 29 : 300의 법칙)에 따라 사고를 정리할 때, ㉠에 들어갈 내용으로 알맞지 <u>않은</u> 것은 무엇일까요? [🖉]

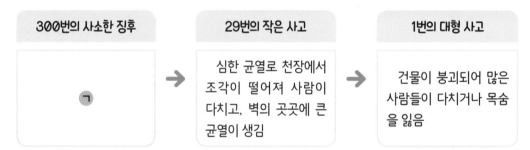

300번의 사소한 징후	29번의 작은 사고	1번의 대형 사고
㉠	심한 균열로 천장에서 조각이 떨어져 사람이 다치고, 벽의 곳곳에 큰 균열이 생김	건물이 붕괴되어 많은 사람들이 다치거나 목숨을 잃음

① 엘리베이터가 자주 고장 남
② 건물의 벽과 천장에 금이 감
③ 건물에서 여러 사람이 일을 함
④ 비가 오면 건물 안 곳곳에 빗물이 떨어짐
⑤ 창문틀이 뒤틀려서 창문을 여닫기 어려워짐

중심 내용 쓰기
04 이 글의 중심 내용을 한 문장으로 완성해 보세요.

하인리히 법칙은 한 건의 🖉_____가 일어나기 전에는 반드시 유사한 🖉_____가 29번 발생하고, 그 전에 300번의 🖉_____가 먼저 나타난다는 것이며, 대형 사고가 발생하기 전에 사고를 일으킬 만한 요인을 없애면 사고의 연결 고리를 끊을 수 있다.

01 다음 낱말의 뜻을 찾아 바르게 연결해 보세요.

1 대처 •
2 법칙 •
3 재해 •

• ㄱ 어떤 정세나 사건에 대하여 알맞은 조치를 취함

• ㄴ 지진, 태풍, 홍수, 화재 따위의 재앙으로 말미암아 받는 피해

• ㄷ 모든 사물과 현상의 원인과 결과 사이에 들어 있는 보편적·필연적인 불변의 관계

02 제시된 뜻과 예문을 참고하여 다음 초성에 해당하는 낱말을 빈칸에 쓰세요.

1 ㄱ ㅂ ㅇ 하다: 범위가 넓다.

예 소비자의 의견을 (   )하게 수집하였다.

2 ㅅ ㅅ 하다: 보잘것없이 작거나 적다.

예 사람이 예민해지면 (   )한 일에도 신경이 쓰인다.

3 ㄴ ㅇ ㄱ 보다: 주의 깊게 잘 살펴보다.

예 그는 우리의 행동 하나하나를 (   )보았다.

03 다음 문장에 들어갈 알맞은 낱말을 보기에서 찾아 쓰세요.

보기

결함   요인   징후   방치하다   적용하다

1 환경 위기의 [   ]가 전 세계적으로 나타나고 있다.

2 상처를 [   ]할 경우 덧나거나 흉터가 생길 수 있다.

3 제품에 [   ]이 발생한 경우 새 제품으로 교환해 드립니다.

임진왜란 때문에 바뀌었어

❶ 임진왜란은 1592년(임진년) 4월부터 1598년까지 7년 동안 우리나라를 두 번이나 침략한 일본과 치른 전쟁을 이른다. 왜군은 20여 일 만에 조선의 수도인 한양을 점령하였고, 결국 조선의 임금이었던 선조는 의주까지 피란을 가서 명나라에 도움을 요청하였다. 그러자 나라를 지키기 위해 전국에서 의병이 일어났고, 바다에서는 이순신 장군을 비롯한 수군이 왜군을 무찌르면서 전쟁은 조선의 승리로 끝났다. 하지만 이 전쟁을 치르면서 온 나라는 폐허가 되었고, 많은 백성이 죽거나 일본으로 잡혀갔다. 그렇다면 임진왜란이라는 끔찍한 전쟁을 겪으면서 조선에 어떤 변화가 나타났는지 살펴보자.

❷ 임진왜란 이전에는 주로 직파법(볍씨를 직접 논에 뿌리고 그 자리에서 벼를 기르는 방식)으로 벼농사를 지었다. 이앙법(볍씨의 싹을 틔워서 모를 논에 옮겨 심는 방식)으로 농사를 지으면 노동력은 적게 들이면서 벼 수확량을 높일 수 있다는 것을 알았지만 나라에서는 이를 금지하였다. 이앙법은 물을 아주 많이 필요로 해서 가뭄이 들면 농사를 망칠 수밖에 없었기 때문이다. 하지만 임진왜란 이후 나라의 통제력이 약해지고 농사 기술도 발전하면서 이앙법이 널리 보급되었다. 이앙법을 통해 벼 수확량이 많아지자 차츰 부유한 농민이 생겨났고, 농민들 사이에 빈부 격차가 생기기 시작하였다.

❸ 쌀을 비롯한 곡식의 생산량이 많아지자 사람들은 남는 곡식을 다른 필요한 물건과 교환하고 싶어 했다. 그러면서 물건을 사고파는 시장이 활성화되었다. 농사지을 땅이 없는 농민들이 도시로 모여든 것도 시장이 활성화된 원인 중에 하나였다. 장인의 활동도 활발해졌는데, 이들은 주로 관청이나 궁중에서 사용하는 물건이나 생활에 꼭 필요한 물건들을 만들었다. 이렇게 상업과 수공업이 발달하면서 물건을 교환할 때 사용할 수 있는 화폐가 필요해졌다. 처음에는 주로 옷감이나 쌀이 화폐 대신 사용되었으나 운반과 보관이 어려워 점차 금속으로 만든 화폐의 사용이 확대되었다.

❹ 조선은 신분을 크게 양반, 중인, 상민, 천민의 네 계급으로 나누는 엄격한 신분제 사회였다. 하지만 전쟁으로 세금이 부족해지자 나라에서는 국가의 재정을 채우기 위해서 '공명첩'과 '납속책'이라는 제도를 실시하였다. 공명첩은 관직을 받는 사람의 이름을 빈칸으로 둔 임명장이었다. 곡물이나 돈을 바치면 그 사람의 이름을 빈칸에 적어 주는 것이다. 공명첩을 산 사람은 실제로 관직에 임명되는 것은 아니지만 자신의 신분을 높일 수 있었다. 납속책은

곡물이나 돈을 내면 신분을 올려 주는 제도였다. 납속책으로 천민 신분에서 벗어나는 경우도 있었다. 결국 공명첩 발급과 납속책 실시는 조선의 엄격한 신분제를 흔드는 원인이 되었다.

5 이 밖에 임진왜란을 전후하여 다양한 농작물이 조선으로 들어와 식생활에도 많은 변화를 가져왔다. 오늘날 우리가 흔히 먹는 고추, 호박, 토마토 등이 이때 들어온 농작물이다. 특히 고추의 등장은 우리나라 음식 문화를 완전히 바꾸어 놓았다. 고추를 사용하기 이전에는 후추를 넣어 매운맛을 냈는데 후추는 값이 비싸 일반 백성이 사용하기 어려웠다. 값이 싼 고추가 들어오자 김치에 고춧가루를 넣기 시작하고, 고춧가루를 주재료로 한 고추장을 담그게 되었다. 고추의 소비가 늘자 농가에서는 고추를 널리 재배하기 시작하였다. 고추가 전파된 덕분에 배추에 고춧가루를 비롯한 각종 양념을 넣어 버무린 김치가 우리의 전통 음식으로 굳어져 현재까지 전해 오고 있다.

◆ **피란**: 난리를 피하여 옮겨 감
◆ **재정**: 국가나 단체가 수입과 재산을 관리하며 사용하는 것

❯❯ 글 내용 한눈에 보기 ●●●

1 ㅇ ㅈ ㅇ ㄹ 이후 조선에 나타난 다양한 변화

농사법의 변화
• **2** ㅇ ㅇ ㅂ 이 널리 보급됨
• 부유한 농민이 생겨나면서 농민들 사이에 빈부 격차가 생김

상업과 수공업의 발달
• 물건을 사고파는 **3** ㅅ ㅈ 이 활성화되고, 장인의 활동이 활발해짐
• 금속 화폐의 사용이 확대됨

신분제의 변화
• 나라에서 국가의 재정을 채우기 위해 공명첩과 납속책을 실시함
• 엄격했던 **4** ㅅ ㅂ ㅈ 가 흔들림

식생활의 변화
다양한 농작물이 들어와 **5** ㅅ ㅅ ㅎ 에 변화를 가져옴

글을 이해해요

내용 이해

01 이 글에 대한 설명이 맞으면 ○, 틀리면 ✕ 표시를 하세요.

1 임진왜란 이후 처음으로 매운맛이 나는 음식을 만들기 시작하였다. [○ / ✕]

2 임진왜란 이전의 조선은 신분을 양반, 중인, 상민, 천민의 네 계급으로 나누는 엄격한 신분제 사회였다. [○ / ✕]

내용 비판

02 임진왜란이 조선에 가져온 변화로 알맞지 **않은** 것은 무엇일까요? [ ]

① 엄격했던 신분 제도가 흔들리기 시작하였다.
② 물건의 교환이 전보다 활발하게 이루어졌다.
③ 나라가 폐허가 되어 국가의 재정이 부족해졌다.
④ 직파법과 이앙법을 대신하는 농사 기술이 발달하였다.
⑤ 상업과 수공업의 발달로 금속 화폐의 사용이 확대되었다.

내용 이해

03 다음과 같이 임진왜란의 과정을 정리할 때, 빈칸에 들어갈 알맞은 말을 쓰세요.

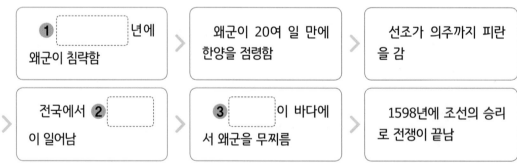

중심 내용 쓰기

04 이 글의 중심 내용을 한 문장으로 완성해 보세요.

임진왜란 이후 조선에는 농사법의 변화, ✎＿＿＿＿＿＿＿＿＿의 발달, 신분제의 변화, ✎＿＿＿＿＿＿＿＿＿의 변화 등 다양한 변화가 나타났다.

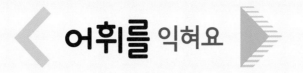

01 다음 낱말의 뜻을 찾아 바르게 연결해 보세요.

1 농가 •

2 중인 •

3 피란 •

• ㉠ 난리를 피하여 옮겨 감

• ㉡ 농사로 살림을 꾸려 가는 가정. 또는 그 집

• ㉢ 조선 시대의 양반과 평민 중간에 속하는 계층. 또는 그 계층에 속한 사람

02 제시된 뜻과 예문을 참고하여 다음 초성에 해당하는 낱말을 빈칸에 쓰세요.

1 ㅂ ㅂ : 가난함과 부유함을 아울러 이르는 말

예 (   ) 격차는 해소되지 않고 여전히 사회 문제로 남아 있다.

2 ㅂ ㄱ 되다: 널리 퍼져 골고루 알려지거나 사용되다.

예 태권도는 전 세계에 (   )되어 있는 우리나라 전통 무술이다.

3 ㅇ ㄱ 하다: 말, 태도, 규칙 따위가 매우 엄하고 철저하다.

예 우리 학교는 교내 규칙이 매우 (   )하다.

03 다음 문장에 들어갈 알맞은 낱말을 보기에서 찾아 쓰세요.

보기

신분   운반   의병   장인   재정

1 국가의 [   ]은 국민이 낸 세금으로 마련된다.

2 잘 만들어진 옛 가구에서 이름 모를 [   ]의 솜씨가 느껴진다.

3 우리 조상들은 자발적으로 [   ]을 일으켜 외적의 침입을 막았다.

미터법의 탄생

1 옛날, 뿔뿔이 흩어져 살던 사람들이 사회를 이루고 물건을 교환하기 시작하면서 물건의 가치를 아는 것이 중요해졌다. 물건의 길이, 넓이, 부피, 무게 등으로 물건의 가치가 정해지기에 사람들은 이를 재기 위해 사람의 신체 부위를 이용하기 시작했다. 예를 들어 엄지손가락과 다른 손가락을 완전히 펴서 벌렸을 때의 길이를 '뼘'이라고 부르고, 이를 활용하여 물건의 길이를 측정했다. 그런데 이렇게 기준을 정하고 나니 사람마다 신체 크기가 달라 재는 사람에 따라 결과가 달라졌기 때문에 혼란이 생길 수밖에 없었다.

2 나라별로도 사용하는 단위가 달랐다. 고대 이집트에서는 팔꿈치에서 가운데 손가락 끝까지의 길이인 '큐빗'을 썼다. 영국에서는 발뒤꿈치에서부터 발가락 끝까지의 길이인 '피트', 엄지손가락의 폭인 '인치'를 사용했다. '야드'도 길이를 재는 단위인데 영국의 왕인 헨리 1세가 자신의 코끝에서 팔을 뻗어 엄지손가락까지의 길이를 '야드'로 했다는 이야기가 있다. 중국에서는 손을 폈을 때 엄지손가락 끝에서 가운데 손가락 끝까지의 길이인 '척(尺)'을 썼다.

3 나라 간의 교류가 활발해지면서 나라별로 단위가 달라 혼란을 겪게 되자 사람들은 단위를 통일하려고 노력했다. 18세기 프랑스의 과학자들은 지구의 크기를 변하지 않는 것으로 보고, 새로운 단위의 기준으로 삼기로 했다. 그래서 남극과 북극을 지나 지구를 한 바퀴 도는 거리를 측정하고, 그 거리의 4,000만분의 1을 1미터라는 길이로 정해 미터법을 제정했다. 1875년에 17개국이 모여 이 미터법을 국제적인 단위로 사용하기로 약속한 이후로 미터법은 조금씩 보완되어 왔다. 현재는 '빛이 진공 상태에서 2억 9,979만 2,458분의 1초 동안에 이동한 거리'를 1미터로 정하고 있다.

4 미터법이란 길이는 미터(m), 넓이는 제곱미터(m^2), 부피는 리터(ℓ), 무게는 킬로그램(kg)을 기본으로 하는 국제적인 단위 체계이다. 1제곱미터(m^2)는 한 변의 길이가 1미터인 정사각형의 넓이(가로×세로)이다. 1리터(ℓ)는 한 변의 길이가 10센티미터(cm)인 정육면체의 부피(가로×세로×높이)이다. 1킬로그램(kg)은 4℃인 물 1리터의 무게와 거의 같다. 물은 4℃일 때 부피가 가장 작아지는데, 이때의 물의 무게를 기준으로 무게의 단위를 정한 것이다.

5 미터법은 국제단위로 인정받았지만 널리 사용되기까지 오랜 세월이 걸렸다. 영국, 미국과 같은 나라들은 미터법을 받아들이기는 했지만 아직도 인치, 피트, 야드 등의 단위를

주로 사용하고 있다. 이런 상황 때문에 대형 사고가 일어난 일도 있다. 1999년에 단위에 대한 착각 때문에 나사(NASA)의 화성 탐사선이 폭발하는 사고가 발생했다. 탐사선을 만든 회사는 야드 단위를 사용했는데, 나사(NASA)에서는 미터법을 기준으로 생각하고 탐사선을 조종했다가 탐사선이 폭발한 것이다. 이 사례를 보더라도 단위의 통일이 얼마나 중요한지 알 수 있다. 이처럼 단위의 표준을 정하는 일이 점점 중요해짐에 따라 미터법을 적용하는 나라가 늘어나고 있다.

◆ **통일하려고**: 여러 요소를 서로 같거나 일치되게 맞추려고
◆ **제정했다**: 제도나 법률 따위를 만들어서 정했다.
◆ **국제단위**: 여러 나라가 공통으로 쓰기 위한 목적으로 국제적인 승인을 거쳐 정한 단위
◆ **나사(NASA)**: 미국의 우주 개발 계획을 추진하기 위하여 설립된 정부 기관
◆ **탐사선**: 우주 공간에서 지구나 다른 행성들을 자세히 조사하여 알아보기 위해 쏘아 올린 비행 물체
◆ **표준**: 사물의 크기·수량·가치·질 따위를 재든가 판단하기 위한 비교의 근거나 기준이 되는 것

▼▼ 글 내용 한눈에 보기 ●●●

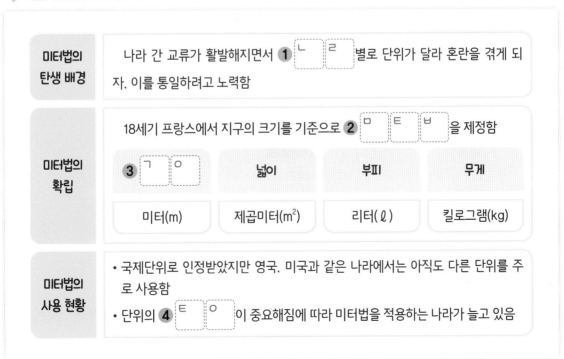

미터법의 탄생 배경	나라 간 교류가 활발해지면서 **1** ⌐ㄴ ㄹ⌐ 별로 단위가 달라 혼란을 겪게 되자, 이를 통일하려고 노력함		
미터법의 확립	18세기 프랑스에서 지구의 크기를 기준으로 **2** ⌐ㅁ ㅌ ㅂ⌐ 을 제정함		
	3 ⌐ㄱ ㅇ⌐	넓이	부피	무게
	미터(m)	제곱미터(m²)	리터(ℓ)	킬로그램(kg)
미터법의 사용 현황	• 국제단위로 인정받았지만 영국, 미국과 같은 나라에서는 아직도 다른 단위를 주로 사용함 • 단위의 **4** ⌐ㅌ ㅇ⌐ 이 중요해짐에 따라 미터법을 적용하는 나라가 늘고 있음		

글을 이해해요

내용 이해
01 이 글에 대한 설명이 맞으면 ○, 틀리면 ✕ 표시를 하세요.

1 신체 부위를 이용한 단위는 재는 사람에 따라 결과가 달라졌다. [○ / ✕]

2 미터법이 국제단위로 인정받은 후에는 모든 나라에서 미터법만 사용하였다. [○ / ✕]

내용 이해
02 미터법에 대한 설명으로 알맞지 <u>않은</u> 것은 무엇인가요? [ ]

① 18세기 프랑스에서 가장 먼저 만들었다.
② 전 세계에서 사용하는 국제단위로 인정받았다.
③ 처음에는 지구의 크기를 미터법의 기준으로 삼았다.
④ 미터는 넓이의 단위이고, 제곱미터는 길이의 단위이다.
⑤ 나라마다 단위가 달라 겪는 어려움을 해소하기 위해 만들었다.

내용 추론
03 다음 그림이 나타내는 단위가 <u>잘못된</u> 것은 무엇일까요? [ ]

①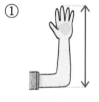
: 큐빗

②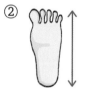
: 피트

③
: 뼘

④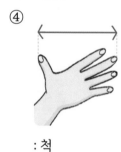
: 척

⑤
: 야드

중심 내용 쓰기
04 이 글의 중심 내용을 한 문장으로 완성해 보세요.

미터법이란 길이는 미터(m), ✎_____, 부피는 리터(ℓ),
✎_____ 을 기본으로 하는 국제적인 단위 체계이다.

01 다음 낱말의 뜻을 찾아 바르게 연결해 보세요.

1 나사 •

2 표준 •

3 국제단위 •

• **ㄱ** 미국의 우주 개발 계획을 추진하기 위하여 설립된 정부 기관

• **ㄴ** 여러 나라가 공통으로 쓰기 위한 목적으로 국제적인 승인을 거쳐 정한 단위

• **ㄷ** 사물의 크기·수량·가치·질 따위를 재든가 판단하기 위한 비교의 근거나 기준이 되는 것

02 제시된 뜻과 예문을 참고하여 다음 초성에 해당하는 낱말을 빈칸에 쓰세요.

1 ㅈ ㅈ 하다: 제도나 법률 따위를 만들어서 정하다.

예 훈민정음 반포를 기념하기 위해 한글날을 국경일로 (   )하였다.

2 ㅌ ㅇ 하다: 여러 요소를 서로 같거나 일치되게 맞추다.

예 출연자의 무대 의상을 검은색으로 (   )하였다.

3 ㅌ ㅅ ㅅ : 우주 공간에서 지구나 다른 행성들을 자세히 조사하여 알아보기 위해 쏘아 올린 비행 물체

예 무인 우주 (   )이 우주 관측에 유용하게 쓰이고 있다.

03 다음 문장에 들어갈 알맞은 낱말을 **보기**에서 찾아 쓰세요.

보기

교류   단위   적용   혼란

1 남북한의 문화 □ □ 를 확대하려는 움직임이 보인다.

2 사회가 빠르게 변화하면서 가치관의 □ □ 이 나타났다.

실력 확인

△ 글의 문단별 내용을 정리하고 주제를 써 보아요.

01 나는 똥이야

본문 8~9쪽

- **1문단** 사람들의 건강을 가늠하는 역할을 하는 ☐
- **2문단** 똥이 만들어지는 과정과 똥으로 건강을 가늠할 수 있는 이유
- **3문단** 대장 안의 ☐☐에 따라 달라지는 똥의 냄새
- **4문단** 몸의 건강 상태에 따라 달라지는 똥의 ☐☐
- **5문단** 몸의 건강 상태에 따라 달라지는 똥의 ☐☐

✎**주제** ☐☐을 가늠하는 똥의 역할

02 말하는 대로

본문 12~13쪽

- **1문단** ☐☐☐☐☐ 효과의 유래
- **2문단** 피그말리온 효과를 증명한 로젠탈과 제이콥슨의 ☐☐
- **3문단** 로젠탈과 제이콥슨의 실험의 결과
- **4문단** 피그말리온 효과와 반대되는 ☐☐☐ 효과
- **5문단** 말하는 대로 이루어지는 ☐의 영향력

✎**주제** 피그말리온 효과와 스티그마 효과를 통해 알 수 있는 말의 ☐☐☐

03 바람직한 대화의 방법

본문 16~17쪽

- **1문단** 바람직한 ☐☐ 방법의 중요성
- **2문단** 바람직한 대화의 방법 ①: ☐☐되는 결과 말하기
- **3문단** 바람직한 대화의 방법 ②: '☐ 전달법' 사용하기
- **4문단** 바람직한 대화의 방법 ③: 결과보다 ☐☐ 칭찬하기
- **5문단** 원만한 의사소통 및 관계 발전에 도움이 되는 바람직한 대화의 방법

✎**주제** ☐☐☐☐ 대화의 방법과 그 효과

본문
바로가기

4 달리기와 수영의 효과

본문 20~21쪽

1문단 ☐☐☐ 운동의 대표적인 예인 달리기와 수영

2문단 폐와 ☐☐을 튼튼하게 하고 질병을 예방하는 달리기와 수영

3문단 ☐☐☐☐를 해소하고 두뇌를 개발하는 달리기와 수영

4문단 운동 ☐☐에 따라 서로 다른 효과가 있는 달리기와 수영

5문단 건강한 생활을 하기 위한 달리기와 수영

주제 달리기와 ☐☐이 우리 몸에 미치는 다양한 효과

5 까치밥 풍습에 담긴 의미

본문 24~25쪽

1문단 ☐☐☐의 뜻

2문단 까치밥 풍습의 ☐☐

3문단 까치밥 풍습에 담긴 ☐☐☐ 정신

4문단 우리 사회에서 ☐☐해지고 있는 공동체 정신

5문단 공동체 정신의 실천에 대한 당부

주제 까치밥 ☐☐의 유래와 그에 담긴 공동체 정신

6 우리 몸속 세균 이야기

본문 28~29쪽

1문단 세균의 특징

2문단 이를 썩게 하는 ☐☐☐

3문단 나쁜 세균을 막아 주는 ☐☐☐☐☐

4문단 나쁜 세균에 대한 저항력을 높여 주는 ☐☐☐☐☐

5문단 음식물 찌꺼기를 분해하고 대장을 청소하는 ☐☐

6문단 세균이 몸속에 들어오는 것을 예방하는 방법

주제 우리 몸속 다양한 ☐☐의 특징

실력 확인

본문 32~33쪽

7 도로명 주소의 비밀

①문단 도로명 주소의 뜻과 발생 배경

②문단 도로명 주소에서 ☐☐☐ 을 부여하는 방법

③문단 도로명 주소에서 ☐☐☐ 를 부여하는 방법

④문단 도로명 주소를 ☐☐ 하는 방법

✏️주제 ☐☐☐☐ 의 도로명과 건물 번호 부여 방법 및 표기 방법

8 약속을 지킨 배추 장수

본문 36~37쪽

①문단 배추 장수에게 배추를 사면서 ☐☐ 을 부탁한 지수 엄마

②문단 밤늦게까지 배달되지 않은 ☐☐

③문단 다음 날 아침 배추를 배달한 배추 장수와 ☐☐ 가 풀린 지수 엄마

✏️주제 ☐☐ 을 지키기 위해 노력한 배추 장수의 일화

9 바다의 뛰어난 잠수부, 향유고래

본문 40~41쪽

①문단 거대한 몸집으로 뛰어난 ☐☐ 실력을 가진 향유고래

②문단 향유고래의 잠수 비결 ①: ☐☐ 를 담고 있는 큰 머리

③문단 향유고래의 잠수 비결 ②: 다량의 ☐☐ 를 저장하는 근육

④문단 향유고래의 잠수 비결 ③: 크기가 작고 탄력성이 우수한 ☐

⑤문단 향유고래의 잠수 비결과 향유고래를 위한 바람

✏️주제 ☐☐☐ 의 잠수 비결

본문 바로가기

10 홈스, 모자 주인을 추리하다

본문 44~45쪽

❶문단 홈스를 찾아갔다가 주인을 찾아 달라며 맡겨진 ☐☐를 발견한 왓슨

❷문단 모자를 살펴보았지만 아무것도 알아내지 못한 ☐☐

❸문단 모자를 보고 모자 ☐☐에 대해 추리한 내용을 말하는 홈스

❹문단 홈스가 모자 주인에 대해 추리한 근거 ①

❺문단 홈스가 모자 주인에 대해 추리한 근거 ②

✎주제 홈스가 모자 주인에 대해 ☐☐한 이야기

11 어서 와, 경주는 처음이지

본문 48~49쪽

❶문단 다양한 문화유산이 남아 있는 ☐☐

❷문단 신라의 고분이 모여 있는 ☐☐

❸문단 동양에서 가장 오래된 천문대인 ☐☐☐

❹문단 신라의 불교문화를 엿볼 수 있는 ☐☐☐와 석굴암

❺문단 성덕 대왕 신종, 천마총 금관 등의 유물을 볼 수 있는 국립 경주 ☐☐☐

✎주제 ☐☐의 역사를 보여 주는 경주의 다양한 문화유산

12 터져야 제맛, 팝콘

본문 52~53쪽

❶문단 팝콘을 만들 때 쓰는 ☐☐☐ 옥수수

❷문단 뻥튀기를 만들 때 쓰는 ☐☐ 옥수수

❸문단 옥수수 알갱의 수분이 ☐☐로 변하면서 만들어지는 팝콘

❹문단 폭립종 옥수수를 ☐☐할 때 옥수수 알갱이에 생기는 변화

❺문단 옥수수 ☐☐☐의 모양에 따라 달라지는 팝콘의 모양

✎주제 ☐☐이 만들어지는 과정 및 팝콘 모양에 영향을 주는 요소

실력 확인

13 일코노미를 아시나요

본문 56~57쪽

❶문단 ☐☐ 가구가 늘고 있는 우리 사회와 일코노미의 대두

❷문단 ☐☐☐의 뜻과 1인 가구가 경제에 미치는 영향

❸문단 일코노미가 우리 ☐☐에 가져온 변화

❹문단 일코노미로 생겨난 ☐☐☐

❺문단 1인 가구에 대한 전망과 앞으로의 과제

✎**주제** 일코노미가 우리 경제에 미치는 영향 및 ☐☐☐에 대한 전망

14 구름은 일기 예보관

본문 60~61쪽

❶문단 남동풍이 불도록 하여 전투에서 승리한 ☐☐☐☐

❷문단 ☐☐의 뜻과 구름이 잘 생기는 조건

❸문단 모양과 ☐☐에 따라 나뉘는 구름의 종류

❹문단 예로부터 ☐☐를 예측하는 도구로 쓰인 구름

❺문단 구름을 보고 날씨를 ☐☐한 제갈공명

✎**주제** 날씨를 예측하는 도구로 쓰인 구름의 특징과 ☐☐

15 저작권 침해, 범죄일까

본문 64~65쪽

❶문단 ☐☐☐의 뜻과 저작물에 포함되는 것들

❷문단 저작권 침해 사례 ①: 다른 사람의 ☐☐☐을 자신의 것처럼 사용하는 경우

❸문단 저작권 침해 사례 ②: 자신이 구매한 저작물을 저작권자의 ☐☐ 없이 퍼뜨리는 경우

❹문단 저작권 침해 사례 ③: 다른 사람의 조사 및 연구 결과를 왜곡하거나 ☐☐하는 경우

❺문단 저작권을 보호하는 방법과 보호해야 하는 이유

✎**주제** 저작권 ☐☐ 사례 및 저작권 보호 방법

본문
바로가기

16 노극청과 현덕수 이야기

본문 68~69쪽

1 문단 살림이 어려워져 집을 팔려고 내놓은 [ ][ ][ ]

2 문단 집을 비싸게 팔았다며 [ ][ ]를 꾸짖는 노극청

3 문단 [ ][ ][ ]를 찾아가 은 세 근을 돌려주는 노극청

4 문단 거절 끝에 은 [ ] 근을 돌려받은 현덕수

5 문단 돌려받은 은 세 근을 절에 [ ][ ]한 현덕수

주제 노극청과 현덕수의 올곧은 [ ][ ]

17 1인 미디어 전성시대

본문 72~73쪽

1 문단 미디어 환경의 변화와 [ ][ ] 미디어의 뜻

2 문단 1인 미디어의 등장 배경과 발전 과정

3 문단 1인 미디어의 [ ][ ]

4 문단 1인 미디어의 [ ][ ]

5 문단 1인 미디어의 [ ][ ] 방안

주제 [ ][ ][ ][ ]의 특징과 한계 및 발전 방안

18 1대 29대 300의 법칙

본문 76~77쪽

1 문단 전 세계 곳곳에서 일어나는 [ ][ ] 사고

2 문단 1:[ ][ ]:300의 법칙이라고도 불리는 하인리히 법칙

3 문단 무시하고 [ ][ ]를 미루면 결국 대형 사고로 이어지는 사소한 징후들

4 문단 대형 사고로 이어지는 사고 요인을 없애면 끊을 수 있는 사고의 [ ][ ][ ]

5 문단 [ ][ ][ ]의 삶에까지 적용되는 하인리히 법칙

주제 [ ][ ][ ][ ] 법칙을 바탕으로 한 사고 방지 방법

실력 확인

본문 바로가기

19 임진왜란 때문에 바뀌었어

본문 80~81쪽

1문단 임진왜란의 과정과 결과

2문단 임진왜란 이후 ☐☐☐의 변화

3문단 임진왜란 이후 ☐☐과 수공업의 발달

4문단 임진왜란 이후 ☐☐☐의 변화

5문단 임진왜란 이후 ☐☐☐의 변화

주제 ☐☐☐☐ 이후 조선에 나타난 다양한 변화

20 미터법의 탄생

본문 84~85쪽

1문단 물건을 측정하기 위해 사용한 ☐☐ 부위를 이용한 단위

2문단 ☐☐☐로 다른 단위

3문단 18세기 프랑스에서 제정한 후 ☐☐☐☐가 된 미터법

4문단 미터법의 기본 단위인 ☐☐, 제곱미터, 리터, 킬로그램

5문단 단위 ☐☐의 중요성과 미터법의 사용 현황

주제 ☐☐☐의 탄생 배경 및 기본 단위

memo

memo

ⓦ 완자

공부력

정답과 해설

독해

✕

초등 국어

5 **B**

5-6학년

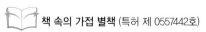

책 속의 가접 별책 (특허 제 0557442호)

'정답과 해설'은 진도책에서 쉽게 분리할 수 있도록 제작되었으므로
유통 과정에서 분리될 수 있으나 파본이 아닌 정상 제품입니다.

visang

우리는 남다른 상상과 혁신으로
교육 문화의 새로운 전형을 만들어
모든 이의 행복한 경험과 성장에 기여한다

ABOVE IMAGINATION

우리는 남다른 상상과 혁신으로
교육 문화의 새로운 전형을 만들어
모든 이의 행복한 경험과 성장에 기여한다

완자

공부력

초등 국어
독해 5B

· · · ·

정답과 해설

ⓦ 완자

공부력 가이드

완자 공부력 시리즈는
앞으로도 계속 출간될 예정입니다.

**국어
맞춤법
바로 쓰기**
1~2학년용
4책

쓰기력

**전과목
어휘**
1~6학년용
12책

**전과목
한자
어휘**
1~6학년용
12책

**영어
파닉스**
1~2학년용
2책

**영어
영단어**
3~6학년용
8책

어휘력

**국어
독해**
1~6학년용
12책

**한국사
독해**
인물편
3~6학년용
4책

**한국사
독해**
시대편
3~6학년용
4책

독해력

**수학
계산**
1~6학년용
12책

계산력

! 완자 공부력 시리즈로 공부 근육을 키워요!

매일 성장하는
초등 자기개발서
ⓦ 완자
공부력

학습의 기초가 되는 읽기, 쓰기, 셈하기와 관련된
공부력을 키워야 여러 교과를 터득하기 쉬워집니다.
또한 어휘력과 독해력, 쓰기력, 계산력을 바탕으로 한
'공부력'은 자기주도 학습으로 상당한 단계까지 올라갈 수
있는 밑바탕이 되어 줍니다. 그래서 매일 꾸준한 학습이
가능한 '**완자 공부력 시리즈**'로 공부하면 자기주도 학습이
가능한 튼튼한 공부 근육을 키울 수 있을 것이라 확신합니다.

효과적인 공부력 강화 계획을 세워요!

○ 학년별 공부 계획
내 학년에 맞게 꾸준하게 공부 계획을 세워요!

		1-2학년	3-4학년	5-6학년
기본	독해	국어 독해 1A 1B 2A 2B	국어 독해 3A 3B 4A 4B	국어 독해 5A 5B 6A 6B
	계산	수학 계산 1A 1B 2A 2B	수학 계산 3A 3B 4A 4B	수학 계산 5A 5B 6A 6B
	어휘	전과목 어휘 1A 1B 2A 2B	전과목 어휘 3A 3B 4A 4B	전과목 어휘 5A 5B 6A 6B
		파닉스 1 2	영단어 3A 3B 4A 4B	영단어 5A 5B 6A 6B
확장	어휘	전과목 한자 어휘 1A 1B 2A 2B	전과목 한자 어휘 3A 3B 4A 4B	전과목 한자 어휘 5A 5B 6A 6B
	쓰기	맞춤법 바로 쓰기 1A 1B 2A 2B		
	독해		한국사 독해 인물편 1 2 3 4	
			한국사 독해 시대편 1 2 3 4	

○ 시기별 공부 계획

학기 중에는 **기본**, 방학 중에는 **기본 + 확장**으로 공부 계획을 세워요!

방학 중			
학기 중			확장
기본			
독해	계산	어휘	어휘, 쓰기, 독해
국어 독해	수학 계산	전과목 어휘	전과목 한자 어휘
		파닉스(1~2학년) 영단어(3~6학년)	맞춤법 바로 쓰기(1~2학년) 한국사 독해(3~6학년)

예시 **초1 학기 중 공부 계획표** 주 5일 하루 3과목 (45분)

월	화	수	목	금
국어 독해	국어 독해	국어 독해	국어 독해	국어 독해
수학 계산	수학 계산	수학 계산	수학 계산	수학 계산
전과목 어휘	파닉스	전과목 어휘	전과목 어휘	파닉스

예시 **초4 방학 중 공부 계획표** 주 5일 하루 4과목 (60분)

월	화	수	목	금
국어 독해	국어 독해	국어 독해	국어 독해	국어 독해
수학 계산	수학 계산	수학 계산	수학 계산	수학 계산
전과목 어휘	영단어	전과목 어휘	전과목 어휘	영단어
한국사 독해 인물편	전과목 한자 어휘	한국사 독해 인물편	전과목 한자 어휘	한국사 독해 인물편

본문 8~9쪽

> **코칭 Tip** 이 글은 똥의 입장에서 건강을 가늠하는 똥의 역할에 대해 설명하는 글입니다. 똥이 만들어지는 과정을 바탕으로 똥을 보고 건강을 가늠할 수 있는 이유를 이해하고, 건강한 똥과 건강하지 않은 똥의 차이를 파악하며 글을 읽을 수 있도록 합니다.

1 안녕? 나는 똥이야. 다들 나를 냄새나고 지저분하다고 생각할 거야. 하지만 나는 사람들의 건강을 가늠하는 중요한 역할을 해. 내 상태를 통해 사람들의 건강이 어떤지 알 수 있거든. 그러니까 건강을 위해서라도 나를 더럽다고만 여기지 말고, 잠시 내 이야기를 들어 볼래?

▶ 사람들의 건강을 가늠하는 역할을 하는 똥

2 내가 어디에서 왔는지는 알고 있니? 나는 사람들이 먹은 음식물이 몸의 각 부분에 영양분을 전해 주고 남은 찌꺼기야. 음식물은 입으로 들어와서 항문을 통해 몸 밖으로 나갈 때까지 몸 안에 있는 여러 소화 기관을 지나게 돼. 『위와 십이지장을 거쳐 음식물이 소장으로 오면, 소장은 영양분을 최대한 흡수하고 음식물 찌꺼기를 대장으로 보내. 대장에서 이 찌꺼기의 수분을 흡수하면 찌꺼기는 한데 모여 덩어리가 되는데, 그 덩어리가 항문으로 나온 것이 바로 똥이야.』 이렇게 음식물이 몸속의 여러 소화 기관을 거치면서 똥이 만들어지기 때문에 몸속 어딘가에 이상이 생기면 똥의 냄새, 색깔, 모양, 굵기, 단단한 정도 등에 변화가 나타나게 돼.

▶ 똥이 만들어지는 과정과 똥으로 건강을 가늠할 수 있는 이유

3 '똥' 하면 사람들이 제일 먼저 떠올리는 것은 지독한 냄새일 거야. 똥에서 냄새가 많이 나는 이유는 대장 속에 사는 세균이 음식물 찌꺼기를 분해하는 과정에서 냄새나는 물질과 가스를 만들기 때문이야. 대장 안에는 음식물 찌꺼기를 먹고 사는 여러 세균이 있는데, 만약 우리 몸에 유익한 세균이 많다면 똥 냄새가 덜 나지만 반대로 유해한 세균이 많다면 똥 냄새가 지독해져. 그래서 건강한 똥에서는 냄새가 거의 나지 않고, 나더라도 그다지 독하지 않아.

▶ 대장 안의 세균에 따라 달라지는 똥의 냄새

4 냄새 말고 똥의 색깔로도 건강을 알 수 있어. 무엇을 먹었는지에 따라 조금씩 달라질 수 있지만 건강한 똥은 황갈색에 가까워. 소화를 돕는 액체인 쓸개즙이 음식물과 섞이면서 황갈색이 되거든. 똥 색깔이 황갈색에서 크게 벗어나지 않으면 건강한 거야. 그런데 똥이 붉은색이나 검은색을 띤다면 건강에 문제가 있을 수 있어. 소화 기관 어딘가에서 출혈이 있었다는 신호일 수도 있거든. 똥이 흰색에 가까운 색을 띤다면 간이나 쓸개에 문제가 있는 거야. 이럴 땐 반드시 병원에 가야 해. 그리고 변비처럼 대장에서 똥이 오래 머물러 있다 보면 수분이 너무 많이 흡수되어서 색깔이 진한 황갈색이 돼. 변비에 걸려서 똥이 몸속에 오래 있으면 불필요한 찌꺼기까지 흡수하기 때문에 건강에 좋지 않아.

▶ 몸의 건강 상태에 따라 달라지는 똥의 색깔

5 똥의 모양도 중요해. 건강한 똥은 바나나 모양으로, 적당히 굵고 적당히 단단해. 똥의 굵기가 갑자기 가늘어지면 대장에 이상이 생겨서 똥이 지나는 통로가 좁아졌을 가능성이 있으니 조심하렴. 또 계속 설사를 한다면 유해한 세균이 대장에 침입했거나 대장의 운동에 이상이 생겼다는 신호야. 이럴 때에는 원인을 찾아 치료를 해야 해. 반대로 변비가 심해서 딱딱한 똥을 눈다면 물과 채소를 많이 먹고, 운동을 해서 대장을 자극하는 것이 좋아. 옛날에는 궁궐의 의사인 어의가 아침마다 왕이 싼 똥의 냄새와 색깔을 확인했다고 해. 똥을 보고 왕의 건강을 살핀 거지. 너희도 똥을 더럽다고만 여기지 말고 건강의 신호등으로 생각해 주길 바랄게. 그럼 안녕!

▶ 몸의 건강 상태에 따라 달라지는 똥의 모양

≫ 글 내용 한눈에 보기 •••

본문 9쪽

1 건강 **2** 냄새 **3** 황갈색 **4** 바나나 **5** 설사

◀ 글을 이해해요 ▶

☑ 자기 평가

본문 10쪽

01 (내용 이해)
1 ◯   **2** ✕

○ ✕

02 (내용 이해)
③

○ ✕

03 (내용 추론)
1 ㄷ   **2** ㄱ   **3** ㄹ

○ ✕

04 (중심 내용 쓰기)
몸속 어딘가에 이상이 생기면 똥의 <u>냄새, 색깔, 모양</u> 등에 변화가 생기므로, 똥은 <u>건강을 가늠하는</u> 역할을 한다.

○ ✕

01 **1** 2문단에서 똥은 사람들이 먹은 음식물이 몸의 각 부분에 영양분을 전해 주고 남은 찌꺼기라고 했어요.
2 4문단에서 변비에 걸려서 똥이 몸속에 오래 있으면 불필요한 찌꺼기까지 흡수하기 때문에 건강에 좋지 않다고 했어요.

02 3문단에서 대장에 유익한 세균이 많다면 똥 냄새가 덜 나지만 반대로 대장에 유해한 세균이 많다면 똥 냄새가 지독해진다고 했어요.

(오답풀이)
① 5문단에서 건강한 똥은 바나나 모양이라고 했어요.
② 4문단에서 똥의 색깔은 무엇을 먹었는지에 따라 조금씩 달라질 수 있다고 했어요.
④ 5문단에서 계속 설사를 한다면 유해한 세균이 대장에 침입했거나 대장의 운동에 이상이 생겼다는 신호일 수 있다고 했어요.
⑤ 2문단에서 똥은 음식물이 몸의 각 부분에 영양분을 전해 주고 남은 찌꺼기로, 여러 소화 기관을 지나 항문을 통해 몸 밖으로 나온다고 했어요.

03 4문단에서 건강 상태에 따라 달라지는 똥의 색깔에 대해 설명하고 있어요. 소화도 잘되고 건강하다면 똥이 '황갈색'에 가까울 것이고, 소화 기관 어딘가에 출혈이 있었다면 똥이 '붉은색'이나 검은색일 것이며, 변비에 걸려 똥을 누는 데 어려움이 있다면 똥이 '진한 황갈색'일 것이에요.

04 이 글은 사람들의 건강을 가늠하는 똥의 역할에 대해 설명하고 있어요. 음식물이 몸속의 여러 소화 기관을 거치면서 똥이 만들어지기 때문에 몸속 어딘가에 이상이 생기면 똥의 냄새, 색깔, 모양 등에 변화가 나타나요.

◀ 어휘를 익혀요 ▶

본문 11쪽

01 **1** ㄴ **2** ㄱ **3** ㄷ   **02** **1** 지독 **2** 분해 **3** 가늠   **03** **1** 변비 **2** 소화 **3** 출혈

02 말하는 대로

코칭Tip 이 글은 피그말리온 효과에 대해 설명하는 글입니다. 피그말리온 효과의 유래와 피그말리온 효과를 증명하는 실험의 내용 및 결과를 이해하고, 이를 바탕으로 말의 영향력을 파악하며 글을 읽을 수 있도록 합니다.

1 피그말리온은 그리스 신화에 나오는 인물로, 키프로스의 왕이자 유명한 조각가였다. 그는 상아로 아름다운 여인상을 조각하여 그 작품에 갈라테이아라는 이름을 붙였다. 이 여인상은 살아 있는 인간으로 착각할 정도로 정교하게 만들어졌고, 살아 있는 그 어떤 여자와도 비교할 수 없을 정도로 아름다웠다. 피그말리온은 이 여인상을 사랑하게 되었고, 여인상이 실제로 사람이 되기를 간절히 기도하였다. 결국 피그말리온의 간절한 기도에 감동한 아프로디테 여신이 여인상에 생명을 불어넣어 주었다. 피그말리온의 간절한 소원이 이루어진 것처럼 '무언가를 간절히 원하면 기대하였던 바가 실제로 이루어지는 경우'를 가리켜 '**피그말리온 효과**'라고 부른다. ▶ 피그말리온 효과의 유래
중심 소재

2 1968년에 미국에서 이 피그말리온 효과를 증명하는 실험을 하였다. 실험자는 하버드 대학교 사회 심리학과 교수인 로버트 로젠탈과, 미국에서 20년 이상 초등학교 교장을 지낸 레노어 제이콥슨이었다. 그들은 먼저 미국 샌프란시스코의『한 초등학교에서 전교생을 대상으로 지능 검사를 실시한 후, 검사 결과와는 상관없이 반마다 임의로 20% 정도의
『 』: 로젠탈과 제이콥슨의 실험 내용 ①
학생을 선정하였다. 그리고 교사에게 이 학생 명단을 주면서 '지적 능력이나 학업 성취의 향상 가능성이 높은 학생들'이라고 거짓 정보를 제공하였다.』 ▶ 피그말리온 효과를 증명한 로젠탈과 제이콥슨의 실험

3 몇 개월이 지난 후 같은 초등학교에서 다시 지능 검사를 실시하였다. 놀랍게도 명단에 있던 학생들의 지능 검사 점수가 평균보다 높게 나왔고, 학교 성적도 크게 향상되었다. 왜 이런 결과가 나왔을까? 교사들은 명단에 오른 학생들에
로젠탈과 제이콥슨의 실험 내용 ②   로젠탈과 제이콥슨의 실험 결과
게 특별한 기대감을 표시하고 격려를 해 주었고, 이에 자극을 받은 학생들은 교사의 기대에 부응하려고 노력하였다. 그
로젠탈과 제이콥슨의 실험 결과가 나온 이유
결과 임의로 선정되었던 학생들이지만 실제로 지적 능력이 향상하고 성적도 우수해진 것이다. 로젠탈과 제이콥슨은 이
실험을 통하여 교사의 긍정적인 기대와 관심이 학생들에게 긍정적인 영향을 준다는 것을 확인하였다.
로젠탈과 제이콥슨의 실험의 의의   ▶ 로젠탈과 제이콥슨의 실험의 결과

4 '피그말리온 효과'가 긍정적인 기대나 관심을 받으면 긍정적으로 행동하게 되는 현상을 나타낸다면 '스티그마 효과'는 이와 반대의 경우를 일컫는다. 즉, 다른 사람들에게 무시당하고 부정적인 평가를 받으면 나쁜 행동을 하게 된다
피그말리온 효과의 뜻   스티그마 효과의 뜻
는 것이다. 사람은 남들이 자신을 긍정적으로 생각해 주면 그 기대에 부응하려고 노력하게 되지만, 반대로 남들이 자신을 부정적으로 평가하고 낙인찍으면 점점 더 나쁜 행동을 하게 된다. ▶ 피그말리온 효과와 반대되는 스티그마 효과

5 우리 속담에 '말이 씨가 된다'라는 말이 있다. 늘 말하던 것이 실제로 이루어질 수 있으니 말조심을 하라는 의미이다. 앞에서 살펴본 것처럼 말이 미치는 영향력은 매우 크다. 따라서 다른 사람을 무시하거나 비난하는 말, 조롱을 담은 말은 삼가야 한다. 이는 자기 자신에게도 마찬가지이다. 자신을 무시하고 비하하는 말 대신 "나는 나를 믿어.", "나는 잘할 수 있어."와 같이 존중과 기대를 담은 긍정적인 말을 하는 것이 중요하다. 이러한 말 하나하나가 모여 결국 좋은
말이 주는 영향력이 매우 크기 때문
결과로 이어질 수 있기 때문이다. 사람은 결국 생각한 대로, 말하는 대로 이루어진다는 것을 기억하자.
▶ 말하는 대로 이루어지는 말의 영향력

❯❯ 글 내용 한눈에 보기 ●●●

본문 13쪽

1 피그말리온 **2** 사람 **3** 긍정적 **4** 기대 **5** 스티그마

◀ 글을 이해해요 ▶

☑ 자기 평가

본문 14쪽

01 (내용 이해)

1 ✕   **2** ◯   ◯ ✕

02 (내용 이해)

⑤   ◯ ✕

03 (내용 비판)

⑤   ◯ ✕

04 (중심 내용 쓰기)

말하는 대로 이루어지는 <u>피그말리온</u> 효과와 스티그마 효과를 통해 알 수 있듯이 <u>말이 미치는 영향력</u>은 매우 크다.

◯ ✕

---

01 **1** 1문단에서 피그말리온은 자신이 조각한 여인상을 사랑하게 되었다고 했어요. 그러나 피그말리온이 사랑하는 사람을 모델로 하여 여인상을 조각한 것은 아니에요.
2 4문단에서 스티그마 효과는 다른 사람들에게 무시당하고 부정적인 평가를 받으면 나쁜 행동을 하게 된다는 것이라고 했어요.

02 2문단과 3문단에 로젠탈과 제이콥슨의 실험 내용이 자세히 나와 있어요. 명단에 오른 학생들은 지능 검사 결과와 상관없이 임의로 뽑힌 것이므로 실제로 지적 능력이나 학업 성취의 향상 가능성이 높은 아이들인지는 알 수 없어요.

(오답풀이)
① 로젠탈과 제이콥슨은 미국 샌프란시스코의 한 초등학교에서 전교생을 대상으로 실험을 진행했어요.
② 로젠탈과 제이콥슨은 지능 검사를 한 후, 반마다 임의로 20% 정도의 학생을 선정하여 교사에게 이 학생들의 명단을 주면서 '지적 능력이나 학업 성취의 향상 가능성이 높은 학생들'이라고 거짓 정보를 제공했어요.
③ 로젠탈과 제이콥슨의 실험 결과 임의로 선정된 학생들이 교사의 기대와 격려에 부응하려고 노력한 결과 실제로 지적 능력이 향상되고 성적도 우수해졌어요. 이를 통해 피그말리온 효과가 현실에서 충분히 일어날 수 있음을 증명했어요.
④ 로젠탈과 제이콥슨은 실험을 통해 교사의 긍정적인 기대와 관심이 학생들에게 긍정적인 영향을 준다는 것을 확인했어요.

03 글쓴이는 피그말리온 효과와 스티그마 효과를 통해 말이 미치는 영향력이 크다는 것을 보여 주고 있어요. 특히 5문단에서 긍정적인 말을 하는 것이 중요하다고 강조하고 있어요.

04 이 글은 피그말리온 효과와 스티그마 효과를 바탕으로 말이 미치는 영향력이 매우 크다는 것을 설명하고 있어요.

◀ 어휘를 익혀요 ▶

본문 15쪽

01 **1** ㄷ **2** ㄱ **3** ㄴ   **02** **1** 낙인 **2** 부응 **3** 정교   **03** **1** 명단 **2** 격려

03 바람직한 대화의 방법

코칭 Tip 이 글은 바람직한 대화의 방법 세 가지를 설명하는 글입니다. 대화의 역할을 이해하고, 이를 바탕으로 바람직한 대화의 방법과 그 효과를 파악하며 글을 읽을 수 있도록 합니다.

1 우리는 가정과 학교, 그리고 사회에서 끊임없이 말을 하고 듣는다. 이러한 대화를 통해 우리는 자기 생각을 전달하고 _{대화의 역할 ①: 의사소통} 다른 사람들과 의견을 나누며 상호 작용한다. 하지만 잘못된 대화 방법은 오히려 상대방에게 오해를 사거나 상대방과의 갈등을 불러올 수도 있다. _{잘못된 대화 방법의 부작용} 그러므로 대화를 할 때에는 다음과 같은 **바람직한 대화의 방법**을 이해하고, 이를 적절 _{중심 소재} 하게 활용해야 한다. ▶ 바람직한 대화 방법의 중요성

2 첫째, '예측되는 결과 말하기'이다. 대화를 할 때 어떤 행동이 가져올 결과를 예측하여 말하면 상대방으로 하여금 _{바람직한 대화의 방법 ①} _{예측되는 결과 말하기의 방법} _{예측되는 결과 말하기의 효과} 말하는 내용을 거부감 없이 받아들이게 할 수 있다. 예를 들어 습관적으로 지각을 하는 친구에게 "너는 또 늦잠 자느라 늦었니?"라고 나무라는 대신 "지각을 하면 하루를 급하게 시작하게 되고, 1교시 수업에 집중하기 힘들겠다."와 같이 지각이 가져올 결과를 말하는 것이다. 이렇게 논리적으로 말하면 상대방은 이를 비난으로 받아들이지 않고, 자신의 행동을 고치려고 할 것이다. ▶ 바람직한 대화의 방법 ①: 예측되는 결과 말하기

3 둘째, "'나 전달법' 사용하기'이다. '나 전달법'은 '나'를 주어로 하여 나의 생각과 감정을 솔직하게 표현하는 것이다. _{바람직한 대화의 방법 ②} _{나 전달법의 뜻} 상대방의 행동을 중심으로 책임을 묻거나 평가하는 의사소통 방식은 갈등을 해결하지 못하는 경우가 많다. 반면에 상대방의 행동으로 인해 내가 어떤 영향을 받고, 또 내가 어떤 감정 상태에 있는지를 설명하면 상대방의 기분을 상하게 _{나 전달법 사용하기의 방법} _{나 전달법 사용하기의 효과} 하지 않으면서도 자신의 의견을 분명하게 전달할 수 있다. 예를 들어 친구가 교실 청소를 하지 않을 때 "너는 왜 이렇게 청소도 제대로 못 하니?"라고 말하는 대신에 "네가 청소를 하지 않으니까 내가 치워야 할 게 많아져서 힘들고 속상해. 너도 같이 해서 빨리 청소를 끝냈으면 좋겠어."라고 말하는 것이다. 그러면 상대방은 자신의 행동을 변명하려는 방어적인 태도를 보이기보다 자신의 행동에 책임을 느끼고 문제를 해결하려 할 것이다. ▶ 바람직한 대화의 방법 ②: '나 전달법' 사용하기

4 마지막으로 셋째, '결과보다 과정 칭찬하기'이다. 칭찬은 상대방의 자존감을 높여 주고, 일의 효율성을 높이는 좋 _{바람직한 대화의 방법 ③} _{칭찬의 효과} 은 대화 방법이다. 하지만 일의 과정을 무시하고 결과에 대해서만 칭찬할 때에는 부작용을 가져올 수 있다. 우리가 자주 사용하는 "머리가 똑똑하구나!", "최고가 되었네!"와 같은 말은 과정보다는 결과에 대한 칭찬이다. 반면에 "노력했구나!", "최선을 다했네!"와 같은 말은 어떤 일을 하는 과정을 칭찬한다. 결과를 칭찬받은 사람은 도전에 실패했을 때 자신이 재능 없는 사람으로 보일까 봐 도전을 피하게 되지만, 과정을 칭찬받은 사람은 자신이 기울이는 노력 그 자체에 _{결과 칭찬하기의 부작용} _{과정 칭찬하기의 효과} 의미를 두고 계속 도전하게 된다. 이처럼 결과 중심의 칭찬은 상대방에게 좋은 결과를 계속 내야 한다는 부담감을 주어 오히려 독이 될 수 있으므로 결과보다 과정을 칭찬하는 것이 바람직하다. ▶ 바람직한 대화의 방법 ③: 결과보다 과정 칭찬하기

5 대화는 다른 사람과 관계를 맺고 이를 유지하고 발전시키는 데에도 중요한 역할을 한다. 앞서 살펴본 '예측되는 결 _{대화의 역할 ②: 관계 발전} 과 말하기', '나 전달법' 사용하기, 결과보다 과정 칭찬하기'가 모든 대화 상황에서 쓰이는 것은 아니다. 하지만 바람직한 대화의 방법을 이해하고, 이를 대화 상황에 적절하게 활용하면 원만한 의사소통에 도움이 될 뿐만 아니라, 다른 사람과 _{바람직한 대화의 방법을 활용했을 때의 효과} 의 관계를 형성하고 발전시키는 데에도 도움이 될 것이다. ▶ 원만한 의사소통 및 관계 발전에 도움이 되는 바람직한 대화의 방법

❯❯ 글 내용 한눈에 보기 •••

본문 17쪽

1 대화 　**2** 예측 　**3** 나 　**4** 과정 　**5** 관계

◀ 글을 이해해요 ▶

☑ 자기 평가

본문 18쪽

01 (내용 이해)
1 ◯ 　　**2** ✕

⬜◯ ⬜✕

02 (내용 이해)
1 결과 　　**2** 나 　　**3** 노력

⬜◯ ⬜✕

03 (내용 추론)
③

⬜◯ ⬜✕

04 (중심 내용 쓰기)
　<u>예측되는 결과 말하기, '나 전달법' 사용하기, 결과보</u>
<u>다 과정 칭찬하기</u> 등과 같은 바람직한 대화의 방법을
활용하면 원만한 의사소통 및 관계 발전에 도움이 된다.

⬜◯ ⬜✕

01 **1** 4문단에서 우리가 자주 사용하는 "머리가 똑똑하구
나!", "최고가 되었네!"와 같은 말은 과정보다는 결과에 대한
칭찬이라고 했어요.
2 5문단에서 바람직한 대화의 방법은 모든 대화 상황에서
쓰이는 것이 아니라, 대화 상황에 적절하게 활용해야 한다고
했어요.

02 2~4문단에서 바람직한 대화의 방법과 그 효과를 구체
적으로 설명하고 있어요. 예측되는 결과 말하기는 대화를 할
때 어떤 행동이 가져올 '결과'를 예측하여 말하는 것이고, '나
전달법'은 '나'를 주어로 하여 나의 생각과 감정을 솔직하게
표현하는 것이에요. 그리고 결과보다 과정 칭찬하기를 활용
하면 과정을 칭찬받은 사람은 자신이 기울이는 '노력' 그 자체
에 의미를 두고 계속 도전하게 돼요.

03 예측되는 결과 말하기는 어떤 행동이 가져올 결과를 예
측하여 말하는 것이므로, 상대방의 행동에 대한 비난을 담지
않고 복도에서 뛰는 행동이 가져올 결과를 논리적으로 서술
한 ③이 적절해요.

(오답 풀이)
①, ② 상대방을 나무랄 뿐, 복도에서 뛰는 행동이 가져올 결
과를 제시하고 있지 않아요.
④ 상대방이 복도에서 뛰는 행동으로 인해 내가 받은 영향과
나의 감정 상태를 제시하고, 상대방의 행동에 대한 비난을 담
고 있어요.
⑤ 상대방의 행동에 대한 비난을 담고 있지는 않으나, 복도에
서 뛰는 행동이 가져올 결과를 제시하고 있지 않아요.

04 이 글은 원만한 의사소통 및 관계 발전에 도움이 되는
바람직한 대화의 방법에 대해 설명하고 있어요. 이 글에서 제
시한 바람직한 대화의 방법은 '예측되는 결과 말하기, '나 전
달법' 사용하기, 결과보다 과정 칭찬하기'예요.

◀ 어휘를 익혀요 ▶

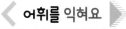

본문 19쪽

01 **1** ㄷ 　**2** ㄴ 　**3** ㄱ 　　**02** **1** 예측 　**2** 나무라 　**3** 원만 　　**03** **1** 비난 　**2** 변명

04 달리기와 수영의 효과

본문 20~21쪽

> **코칭 Tip** 이 글은 달리기와 수영의 효과를 설명하는 글입니다. 달리기와 수영이 우리 몸에 미치는 다양한 효과를 이해하고, 이를 바탕으로 달리기와 수영의 공통점과 차이점을 파악하며 글을 읽을 수 있도록 합니다.

1 건강에 대한 관심이 높아지면서 여가 활동으로 운동을 즐기는 사람들이 많아졌다. 운동은 편안한 호흡을 지속하면 서 할 수 있는 유산소 운동과 숨이 차고 힘이 들어 오래 지속할 수 없는 무산소 운동으로 나뉜다. 쉽게 구분하여 유산소 운동은 달리기를, 무산소 운동은 근력 운동을 떠올리면 된다. 유산소 운동은 숨이 차지 않으면서 큰 힘을 들이지 않고 도 할 수 있어 일상생활에서 부담 없이 할 수 있으며, 그 대표적인 예로 **달리기와 수영**이 있다. 달리기와 수영을 하면 우리 몸에 어떤 점이 좋은지 알아보자.
▶ 유산소 운동의 대표적인 예인 달리기와 수영

2 우선, 달리기와 수영은 우리 몸의 폐와 심장을 튼튼하게 하고 여러 가지 질병을 예방한다. 달리기를 하면 규칙적인 호흡으로 인해 폐 기능이 향상되고 폐활량도 증가한다. 수영을 할 때에도 물속에서 숨을 참았다가 한 번에 들이쉬는 동 작을 반복하여 폐활량이 증가한다. 그리고 달리기와 수영을 할 때에는 우리 몸에 평소보다 더 많은 산소가 필요하므로 심장 박동이 빨라지면서 심장 근육이 단련된다. 심장 근육이 단련되어 튼튼해지면 혈액 순환이 원활해져 심장과 혈관 이상으로 생기는 고혈압, 심근 경색 등의 질병에 걸릴 확률이 낮아진다. 또한 달리기와 수영은 몸 전체를 사용하기 때 문에 열량 소모가 크므로 체지방을 감소시켜 비만이나 당뇨 등의 성인병을 예방할 수 있다.
▶ 폐와 심장을 튼튼하게 하고 질병을 예방하는 달리기와 수영

3 다음으로, 달리기와 수영은 스트레스 해소와 두뇌 개발에 도움을 준다. 달리기와 수영을 할 때 어느 정도 시간이나 거리가 지나면 운동에 따른 고통이 발생하는데, 이 즈음에 엔도르핀이라는 신경 전달 물질이 분비된다. 엔도르핀은 뇌 에서 고통을 줄여 주는 작용을 하며 이로 인해 스트레스가 풀리고 기분이 좋아진다. 또한 달리기와 수영은 뇌에 산소 공급을 늘려 준다. 달리기를 할 때에는 다양한 신경 세포들이 새롭게 연결되어 집중력이 좋아지고 기억력, 학습 능력, 창의력 등이 높아진다. 수영을 할 때에는 외부와 물의 온도 차이로 인해 뇌가 자극을 받아 혈액의 흐름이 활발해지고, 더 많은 산소가 뇌에 공급되어 기억력과 인지 능력 등이 향상된다.
▶ 스트레스를 해소하고 두뇌를 개발하는 달리기와 수영

4 달리기와 수영은 운동 특성에 따라 서로 다른 효과도 있다. 「달리기는 자신의 체중을 실어서 하는 운동이므로 근육 량을 증가시키고 뼛속 칼슘의 양을 늘려 골다공증 예방에 도움을 준다. 그러나 무릎과 발목에 체중이 실리기 때문에 관 절에 자극을 주므로, 지나치게 무리할 경우 뼈나 관절, 근육을 다칠 수 있다.」 반면에 「수영은 물의 부력을 이용하기 때문 에 체중이 실리지 않고 관절에 무리를 주지 않는다. 그래서 관절염이 있거나 뼈가 약해진 사람도 강도 높은 운동이 가 능하다.」 다만 바르지 않은 자세로 수영을 하거나 특정 부위를 과도하게 사용할 경우 어깨나 허리 등에 부상을 당할 우 려가 있다.
▶ 운동 특성에 따라 서로 다른 효과가 있는 달리기와 수영

5 지금까지 달리기와 수영의 다양한 효과에 대해 살펴보았다. 달리기와 수영의 운동 특성과 자신의 몸 상태를 바르 게 파악하여 알맞은 운동을 선택한다면 그 효과를 보다 높일 수 있을 것이다. 건강한 생활을 하기 위해 이제부터 달리 기와 수영을 해 보는 것은 어떨까.
▶ 건강한 생활을 하기 위한 달리기와 수영

❯❯ 글 내용 한눈에 보기 •••

본문 21쪽

1 유산소   **2** 심장   **3** 해소   **4** 다른   **5** 건강

◀ 글을 이해해요 ❯

☑ 자기 평가

본문 22쪽

01 (내용 이해)

1 ✕   **2** ◯   ◯ ✕

02 (내용 이해)

1 근육량   **2** 폐   **3** 두뇌

4 뼈   ◯ ✕

03 (내용 비판)

⑤   ◯ ✕

04 (중심 내용 쓰기)

달리기와 수영은 폐와 심장을 튼튼하게 하고 질병을
예방하며, 스트레스를 해소하고 두뇌를 개발하는 등의
다양한 효과가 있다.   ◯ ✕

01 **1** 4문단에서 달리기와 수영은 운동 특성에 따라 서로
다른 효과가 있다고 했어요.
2 1문단에서 운동은 편안한 호흡을 지속하면서 할 수 있는
유산소 운동과 숨이 차고 힘이 들어 오래 지속할 수 없는 무
산소 운동으로 나뉘며, 쉽게 구분하여 유산소 운동은 달리기
를, 무산소 운동은 근력 운동을 떠올리면 된다고 했어요.

02 달리기는 수영과 달리 자신의 체중을 실어서 하는 운동
이므로 '근육량'을 증가시켜요. 달리기와 수영은 모두 '폐'와
심장을 튼튼하게 하고 질병을 예방하며, 스트레스 해소와 '두
뇌' 개발에 도움을 줘요. 수영은 달리기와 달리 물의 부력을
이용하기 때문에 체중이 실리지 않아서 관절염이 있거나 '뼈'
가 약해진 사람도 강도 높은 운동을 할 수 있어요.

03 2문단에서 달리기를 하면 규칙적인 호흡으로 인해 폐
기능이 향상되고 폐활량도 증가한다고 했어요. 하지만 숨을
참았다가 한 번에 들이쉬는 동작을 반복하는 것은 달리기가
아니라 수영이에요.

(오답 풀이)
① 1문단에서 달리기는 편안한 호흡을 지속하면서 할 수 있
는 유산소 운동이라고 했으므로 적절해요.
② 2문단에서 달리기와 수영을 할 때에는 우리 몸에 평소보
다 더 많은 산소가 필요하다고 했으므로 적절해요.
③ 3문단에서 달리기를 하면 엔도르핀이 분비되어 스트레스
가 풀리고 기분이 좋아진다고 했으므로 적절해요.
④ 2문단에서 달리기와 수영은 몸 전체를 사용한다고 했으므
로 적절해요.

04 이 글은 폐와 심장을 튼튼하게 하고 질병을 예방하며,
스트레스를 해소하고 두뇌를 개발하는 등 달리기와 수영이
우리 몸에 미치는 다양한 효과를 설명하고 있어요.

◀ 어휘를 익혀요 ❯

본문 23쪽

01 **1** ㄷ   **2** ㄴ   **3** ㄱ   **02** **1** 소모   **2** 단련   **3** 분비   **03** **1** 순환   **2** 우려

05 까치밥 풍습에 담긴 의미

> **코칭 Tip** 이 글은 까치밥 풍습에 대해 설명하는 글입니다. 까치밥의 뜻과 까치밥 풍습의 유래를 파악하고, 이를 바탕으로 까치밥 풍습에 담긴 공동체 정신을 이해하며 글을 읽을 수 있도록 합니다.

1 우리말에 '까치밥'이라는 말이 있다. 까치밥이란 과연 무엇일까? 예로부터 우리 조상들은 감을 수확할 때, 감나무 꼭대기의 몇 개는 따지 않고 남겨 두었다. 까치와 같은 날짐승이 겨우내 먹을 수 있도록 남겨 놓았던 것이다. 이와 같이 겨울에 까치 따위의 새들이 먹으라고 따지 않고 남겨 두는 감을 까치밥이라고 한다. ▶ 까치밥의 뜻

2 까치밥은 우리 조상들이 까치를 길조로 여겼기 때문에 생겨났다. 까치가 울면 반가운 손님이 온다는 말이 있듯이, 『우리 조상들은 까치를 좋은 소식을 전해 주는 새로 믿어 왔다. 그래서 수확 때가 되면 까치에게 고마움의 뜻으로 열매를 남겨 두어 겨울에도 까치들이 굶주리지 않게 하였는데, 이것이 오랜 세월 동안 굳어져 까치밥 풍습이 된 것이다.』 ▶ 까치밥 풍습의 유래

3 그중에서 감이 대표적인 까치밥이 된 이유는 무엇일까? 이는 감나무가 높이 자라 꼭대기의 감을 따기 힘들어서이기도 하지만, 감의 수확 시기가 새들이 먹이를 구하기 힘들어지는 시기와 맞물리기 때문이다. 이처럼 까치밥 풍습에는 마음의 여유를 가지고 주변을 돌보며 살았던 우리 조상들의 공동체 정신이 담겨 있다. ▶ 까치밥 풍습에 담긴 공동체 정신

4 장편 소설 『대지』의 작가인 펄 벅이 경주를 방문했을 때의 일화이다. 이때 펄 벅은 감나무에 남아 있는 까치밥을 보고 "저것들은 따기 힘들어 그냥 두었나요?"라고 물었다가 "겨울새들을 위해 남겨 둔 것입니다."라는 기자의 설명을 듣고는 "바로 그거예요."라고 탄성을 내질렀다고 한다. 이후에 펄 벅은 『살아있는 갈대』라는 작품에서 날짐승까지 배려하는 한국인의 고운 마음에 감동을 받았다고 하였다. 이처럼 외국인의 눈에도 우리나라의 까치밥 풍습은 아름답게 보인다. 하지만 안타깝게도 언제부터인가 아름다운 까치밥 풍습이 사라지고 있다. 오늘날 사람들은 각자 바쁘다는 이유로 자기 일만 중요시하고 주변에는 관심조차 없이 살아가고 있다. 더불어 살아가는 공동체 정신이 우리 사회에서 점차 희미해지고 있는 것이다. ▶ 우리 사회에서 희미해지고 있는 공동체 정신

5 정상평 시인의 「콩 세 알」이란 시를 보면, 농부는 콩을 심을 때 세 알씩 심는다고 한다. 한 알은 하늘의 새를 위해서이고, 또 한 알은 땅속 벌레들을 위해서이며, 나머지 한 알은 사람이 먹기 위해서이다. 생계 수단인 농사를 지으면서도 새와 벌레까지 생각하는 것, 바로 이것이 까치밥 풍습에 담긴 것과 같은 공동체 정신이다. 개인주의가 만연한 요즘, 아름다운 까치밥 풍습의 의미를 되새겨 보고 우리의 삶 속에서 공동체 정신을 실천해야 할 때이다. ▶ 공동체 정신의 실천에 대한 당부

글 내용 한눈에 보기 •••

본문 25쪽

1 까치밥　**2** 길조　**3** 공동체　**4** 희미　**5** 실천

글을 이해해요

☑ 자기 평가

본문 26쪽

01 (내용 이해)

1 좋은 소식을　**2** 사람

◯ ✕

02 (내용 이해)

③

◯ ✕

03 (내용 추론)

⑤

◯ ✕

04 (중심 내용 쓰기)

개인주의가 만연한 요즘, 아름다운 까치밥 풍습의 의미를 되새겨 보고 우리의 삶 속에서 공동체 정신을 실천해야 한다.

◯ ✕

01 **1** 2문단에서 우리 조상들은 까치를 길조, 즉 '좋은 소식'을 전해 주는 새라고 믿어 왔다고 했어요.
2 5문단에서 「콩 세 알」이라는 시를 보면 농부는 콩을 세 알씩 심는데, 한 알은 새를 위해서이고, 또 한 알은 벌레들을 위해서이며, 나머지 한 알은 '사람'이 먹기 위해서라고 했어요.

02 2문단에서 우리 조상들은 좋은 소식을 전해 주는 새로 믿어 왔던 까치에게 수확 때가 되면 고마움의 뜻으로 열매를 남겨 두었는데, 이것이 오랜 세월 동안 굳어져 까치밥 풍습이 되었다고 했어요.

(오답 풀이)

① 1문단에서 겨울에 까치 따위의 새들이 먹으라고 따지 않고 남겨 두는 감을 까치밥이라고 한다고 했어요.
② 3문단에서 까치밥 풍습에는 마음의 여유를 가지고 주변을 돌보며 살았던 우리 조상들의 공동체 정신이 담겨 있다고 했어요.
④ 3문단에서 감이 대표적인 까치밥이 된 이유는 감의 수확 시기가 새들이 먹이를 구하기 힘들어지는 시기와 맞물리기 때문이라고 했어요.
⑤ 4문단에서 언제부터인가 아름다운 까치밥 풍습이 사라지고 있으며 많은 사람들이 각자 바쁘다는 이유로 자기 일만 중요시하고 주변에는 관심조차 없이 살아가고 있다고 했어요.

03 ㄱ은 까치밥이 겨울새들을 위해 남겨 둔 것이라는 설명을 듣고 펄 벅이 한 말로, 이후 펄 벅은 『살아있는 갈대』에서 날짐승까지 배려한 한국인의 고운 마음에 감동을 받았다고 했어요. 이로 보아 ㄱ은 '겨울새들을 위해 열매를 남겨 둔 까치밥 풍습이 정겹고 아름답다.'라고 풀이할 수 있어요.

04 이 글은 까치밥의 뜻과 까치밥 풍습의 유래 및 까치밥 풍습에 담긴 의미를 설명하고 있어요. 그러면서 마지막 문단에서 아름다운 까치밥 풍습의 의미를 되새겨 보고 우리 삶 속에서 공동체 정신을 실천해야 한다고 강조하고 있어요.

어휘를 익혀요

본문 27쪽

01 **1** ㄷ　**2** ㄱ　**3** ㄴ　　**02** **1** 겨우내　**2** 만연　**3** 풍습　　**03** **1** 생계　**2** 일화

우리 몸속 세균 이야기

본문 28~29쪽

코칭Tip 이 글은 우리 몸속에 살고 있는 다양한 세균에 대해 설명하는 글입니다. 각각의 세균이 지닌 특징을 이해하고, 이를 바탕으로 각각의 세균이 어떤 점에서 해롭거나 이로운지 파악하며 글을 읽을 수 있도록 합니다.

1 눈으로는 볼 수 없는 아주 작은 생물을 통틀어 미생물이라고 한다. 우리 생활과 가장 밀접한 미생물은 세균으로, (미생물의 뜻) (중심 소재) 우리 몸속에 사는 세균은 사람 몸의 세포 수보다도 훨씬 많고, 종류도 수천 가지에 이른다. 세균은 우리 몸속 대장이나 (세균의 특징 ①) (세균의 특징 ②) 소장 같은 장은 물론이고 피부와 머리카락 등 다양한 곳에 살고 있다. ▶ 세균의 특징

2 입속에 사는 뮤탄스균은 치아 사이나 표면에 붙은 음식물 찌꺼기에서 당 성분을 분해하여 산성을 띤 물질을 만들 (뮤탄스균이 사는 곳) (□: 우리 몸속에 사는 세균) (뮤탄스균이 하는 일) 어 낸다. 이 산성 물질이 치아의 단단한 표면을 녹여 이를 썩게 한다. 뮤탄스균은 당 성분을 좋아하기 때문에 단 것을 많이 먹으면 충치가 생기기 쉽다. 그렇다면 이 뮤탄스균처럼 우리 몸속에 사는 세균은 우리에게 해롭기만 한 것일까? ▶ 이를 썩게 하는 뮤탄스균

3 프로피오니균은 피부에 붙어서 피지를 먹고 사는 세균으로, 나쁜 세균이 외부에서 피부로 들어오는 것을 막는다. (프로피오니균이 사는 곳) (프로피오니균이 하는 일) 피부를 지나치게 깨끗이 씻어서 이와 같은 유익한 세균을 없애 버리면 오히려 피부가 나쁜 세균에 노출되어 면역력이 떨어질 수 있다. 또한 프로피오니균이 많이 번식하는 것도 조심해야 한다. 프로피오니균이 너무 많아져서 모공을 막으 면, 피지선을 중심으로 피부 조직이 파괴되어 여드름이 생긴다. 프로피오니균의 여드름 공격을 피하려면 수분을 충분 (프로피오니균이 너무 많이 번식했을 때의 문제점) 히 섭취하고, 모공 입구가 막히지 않도록 각질을 제거해야 한다. ▶ 나쁜 세균을 막아 주는 프로피오니균

4 포도알처럼 동글동글 모여서 산다고 해서 이름 붙여진 포도상 구균은 사람의 콧속, 호흡기 점막, 털 등 피부 곳곳 (포도상 구균이 사는 곳) 에 사는 세균이다. 여러 종류의 포도상 구균 가운데 황색 포도상 구균은 피부에 난 상처에 종종 생기는데,『피부에 염증 『 』: 황색 포도상 구균이 하는 일 을 일으켜 고름이 맺히게 한다. 식중독을 일으키는 균 역시 황색 포도상 구균이다. 황색 포도상 구균이 우리 몸속에 들 어오면 위나 장에서 독소를 만들어 설사나 복통을 일으킨다.』하지만 포도상 구균이 이로울 때도 있다. 포도상 구균은 우리 몸에 보호막을 만들어 나쁜 세균에 대한 몸의 저항력을 높여 준다. 특히 감기 바이러스가 몸의 여러 기관에 전염 (포도상 구균이 하는 일) 되는 것을 막아 준다. ▶ 나쁜 세균에 대한 저항력을 높여 주는 포도상 구균

5 우리 몸의 대장 속에는 약 300여 종의 미생물이 살고 있다. 그중 가장 유명한 것은 대장균이다. 대장균은 사람과 (대장균이 사는 곳) 동물의 장 속에만 존재하는 세균으로, 주로 똥을 통해 밖으로 배출된다. 흔히 대장균이라 하면 식중독을 일으키는 해로 운 세균이라 생각하기 쉽다. 그러나 병을 일으키는 병원성 대장균을 제외하고 대부분의 대장균은 우리 몸에 해롭지 않 다. 대장균은 음식물 찌꺼기를 분해하여 비타민과 아미노산을 만들고 대장을 청소하기도 한다. (대장균이 하는 일) ▶ 음식물 찌꺼기를 분해하고 대장을 청소하는 대장균

6 대부분의 세균은 우리 몸이 건강할 때에는 해롭지 않다. 하지만 우리 몸의 면역력이 떨어진 경우에는 주의해야 한 다. 이때에는 세균에 대한 저항력이 약해져서 여러 가지 질병에 걸리기 쉽기 때문이다. 세균은 특히 손과 입을 통해 우 (면역력이 떨어졌을 때 세균을 주의해야 하는 이유) 리 몸속에 들어오므로, 손을 깨끗하게 잘 씻고 양치질을 꼼꼼하게 하는 것이 세균 예방에 도움이 된다. (세균이 몸속에 들어오는 것을 예방하는 방법) ▶ 세균이 몸속에 들어오는 것을 예방하는 방법

❯❯ 글 내용 한눈에 보기 ●●●

본문 29쪽

1 이 **2** 나쁜 **3** 피부 **4** 저항력 **5** 대장균

◀ 글을 이해해요

☑ 자기 평가

본문 30쪽

01 (내용 이해)
1 ○   **2** ✕
○ ✕

02 (내용 이해)
④
○ ✕

03 (내용 비판)
②
○ ✕

04 (중심 내용 쓰기)
우리 몸에 해롭기도 하고 이롭기도 한 수천 가지 종
류의 많은 세균이 우리 몸속 다양한 곳에 살고 있다.
○ ✕

01 **1** 1문단에서 눈으로 볼 수 없는 아주 작은 생물인 미생물에 해당하는 세균은 우리 몸속 대장이나 소장은 물론이고 피부와 머리카락 등 다양한 곳에 살고 있다고 했어요.
2 2~5문단을 살펴보면 세균 중에는 이를 썩게 하는 뮤탄스균처럼 해로운 것도 있지만, 나쁜 세균을 막아 주는 프로피오니균이나 나쁜 세균에 대한 저항력을 높여 주는 포도상 구균처럼 사람에게 이로운 것도 있어요.

02 4문단에서 포도상 구균에 대해 설명하고 있어요. 음식물 찌꺼기를 분해하여 비타민과 아미노산을 만드는 세균은 대장균이에요.

03 5문단에서 병을 일으키는 병원성 대장균을 제외하고 대부분의 대장균은 우리 몸에 해롭지 않다고 했어요.

(오답풀이)
① 5문단에서 대장균은 사람과 동물의 장 속에만 존재하는 세균이라고 했어요.
③ 6문단에서 몸의 면역력이 떨어지면 세균에 대항 저항력이 약해져서 여러 가지 질병에 걸리기 쉽다고 했어요.
④ 6문단에서 손을 깨끗하게 잘 씻고 양치질을 꼼꼼하게 하면 세균을 예방하는 데 도움이 된다고 했어요.
⑤ 3문단에서 프로피오니균은 나쁜 세균이 외부에서 피부로 들어오는 것을 막는데, 피부를 지나치게 깨끗이 씻어서 이와 같은 유익한 세균을 없애 버리면 오히려 피부가 나쁜 세균에 노출되어 면역력이 떨어질 수 있다고 했어요.

04 이 글은 우리 몸속에 살고 있는 세균에 대해 설명하고 있어요. 세균은 우리 몸에 해롭기도 하고 이롭기도 하며, 수천 가지 종류의 많은 세균이 대장과 소장, 피부, 머리카락 등 우리 몸속 다양한 곳에 살고 있어요.

◀ 어휘를 익혀요

본문 31쪽

01 **1** ㄷ **2** ㄱ **3** ㄴ   **02** **1** 번식 **2** 노출 **3** 전염   **03** **1** 모공 **2** 독소

07 도로명 주소의 비밀

코칭Tip 이 글은 도로명 주소에 대해 설명하는 글입니다. 도로명 주소의 도로명과 건물 번호를 부여하는 방법을 이해하고, 이를 바탕으로 도로명 주소를 표기하는 방법을 파악하며 글을 읽을 수 있도록 합니다.

① 현재 우리나라에서 주소를 표기하는 방법을 '도로명 주소'라고 한다. 도로명 주소는 이름 그대로 도로에 이름을 붙이고 해당 도로에 인접해 있는 건물에 고유 번호 및 상세 주소를 붙여 표기하는 주소이다. 도로명 주소 이전에는 땅에 번호를 붙이는 '지번 주소'를 사용했다. 지번 주소는 일제 강점기 때 세금을 걷기 위해 땅에 번호를 붙인 데에서 시작되었다. 그러나 건물이 많아지면서 주소가 복잡해지자 지번 주소만으로는 건물의 위치를 정확히 알 수 없게 되었다. 그래서 나온 것이 바로 도로명 주소이다.
▶ 도로명 주소의 뜻과 발생 배경

② 도로명 주소는 '도로명 + 건물 번호'로 표기되어 있다. 우선 도로명을 부여하는 방법을 알아보자. 도로명은 도로의 폭에 따라 '대로, 로, 길'로 구분한다. '대로'는 차선이 8개 이상인 도로이고, '로'는 차선이 2개 이상 7개 이하인 도로이며, '길'은 '로'보다 좁은 도로를 뜻한다. 이렇게 구분한 '대로'나 '로'에서 작은 도로가 갈라져 나오면 '○○대로1길', '○○로1길'과 같이 표시한다. 여기서 '대로, 로' 뒤에 붙는 숫자는 도로의 진행 방향에서 보았을 때, 작은 도로가 왼쪽에서 갈라지면 홀수 번호를 부여하고, 오른쪽에서 갈라지면 짝수 번호를 부여한다.
▶ 도로명 주소에서 도로명을 부여하는 방법

③ 다음으로 건물 번호를 부여하는 방법을 알아보자. 도로를 20m 간격으로 구간을 나누고 그곳에 있는 건물에 번호를 부여한다. 도로의 진행 방향에서 보았을 때 왼쪽에 있는 건물에는 홀수 번호를, 오른쪽에 있는 건물에는 짝수 번호를 부여한다. 한 구간에 여러 건물이 있을 경우 첫 번째 건물에는 1, 두 번째 건물에는 1-1, 세 번째 건물에는 1-2로 순서대로 건물 번호를 부여한다.
▶ 도로명 주소에서 건물 번호를 부여하는 방법

④ 도로명 주소를 만드는 데에 규칙이 있는 것처럼, 도로명 주소를 표기하는 데에도 규칙이 있다. 도로명 주소를 표기할 때에는 띄어쓰기와 쉼표에 유의해야 한다. 우선 도로명은 붙여 쓴다. '대로'나 '로' 뒤에 '길'이 붙을 때에도 띄어 쓰지 않고 붙여 쓴다. 다음으로 도로명과 건물 번호 사이는 띄어 쓴다. 둘 사이를 띄어 씀으로써 도로명과 건물 번호의 구분을 명확히 하는 데 도움이 된다. 마지막으로 건물 번호와 '동·층·호' 사이에는 쉼표(,)를 쓴다. 공동 주택이나 다가구 주택, 일반 상가, 업무용 빌딩 등에는 '동·층·호'와 같은 상세 주소가 표시되는데, 이때 건물 번호와 상세 주소를 명확히 구분하기 위해 둘 사이에 쉼표를 쓴다.
▶ 도로명 주소를 표기하는 방법

❯❯ 글 내용 한눈에 보기 ●●●

본문 33쪽

1 도로명　**2** 대로　**3** 길　**4** 건물　**5** 여러

◀ 글을 이해해요 ▶

✔ 자기 평가

본문 34쪽

01 (내용 이해)
1 ○ 　　**2** ✕

○　✕

02 (내용 이해)
②

○　✕

03 (내용 추론)
⑤

○　✕

04 (중심 내용 쓰기)
　현재 우리나라에서 주소를 표기하는 방법인 도로명 주소는 <u>도로에 이름을 붙이고</u> 해당 도로에 인접해 있는 건물에 <u>고유 번호 및 상세 주소를 붙여</u> 표기하는 주소이다.

○　✕

01 **1** 4문단에서 도로명 주소를 표기할 때 도로명은 붙여 쓰고, 도로명과 건물 번호 사이는 띄어 쓴다고 했어요.
2 1문단에서 건물이 많아지면서 주소가 복잡해지자 땅에 번호를 붙이는 지번 주소만으로는 건물의 위치를 정확히 알 수 없게 되어 도로명 주소를 사용하게 되었다고 했어요.

02 2문단에서 도로명 주소에서 도로명을 부여하는 방법을 설명하고 있어요. 도로명은 도로의 폭에 따라 '대로, 로, 길'로 구분하고, '대로'나 '로'에서 작은 도로가 갈라져 나오면 '○○대로 1길', '○○로 1길'과 같이 표시해요.

03 도로명 주소를 표기할 때 도로명과 건물 번호 사이는 띄어 쓰므로 '대정로4길 30'으로 써야 해요.

(오답 풀이)
① 도로는 '대로〉로〉길' 순으로 폭이 넓으므로 대정로4길은 대정로보다 작아요.
② '대로'는 8차선 이상, '로'는 2~7차선인 도로이므로 대정로는 차선이 2개~7개 사이인 도로예요.
③ 도로의 진행 방향에서 보았을 때 왼쪽에 있는 건물에는 홀수 번호를, 오른쪽에 있는 건물에는 짝수 번호를 붙이므로 '대정로4길 30'인 이 건물은 대정로의 오른쪽에 있어요.
④ 큰 도로의 왼쪽에서 작은 도로가 갈라지면 홀수 번호를, 오른쪽에서 갈라지면 짝수 번호를 붙이므로 '대정로4길'은 대정로 오른쪽에 있어요.

04 이 글은 도로명 주소에 대해 설명하고 있어요. 도로명 주소는 도로에 이름을 붙이고 해당 도로에 인접해 있는 건물에 고유 번호 및 상세 주소를 붙여 표기하는 주소예요.

◀ 어휘를 익혀요 ▶

본문 35쪽

01 **1** ㄴ　**2** ㄷ　**3** ㄱ　　**02** **1** 폭　**2** 부여　**3** 다가구　　**03** **1** 구간　**2** 구분

08 약속을 지킨 배추 장수

코칭Tip 이 글은 약속을 지키기 위해 노력한 배추 장수의 일화를 담은 이야기입니다. 배추 장수의 모습에서 확인할 수 있는 정직과 신뢰의 소중함을 생각하며 글을 읽을 수 있도록 합니다.

1 어느 날 오후, 외출했다가 집으로 돌아오던 길에 지수 엄마는 아파트 정문 앞에 세워진 낯선 트럭에 눈길이 갔다.
중심인물
배추 장수의 작은 트럭에는 싱싱한 배추가 가득 쌓여 있었다.

"안녕하세요? 배추가 참 싱싱해 보이네요."

"저희가 산지에서 직접 수확해 온 배추예요."

지수 엄마는 아삭아삭한 배추전을 좋아하는 지수가 떠올랐다.

"좋은 것으로 골라서 세 포기만 주세요."

"만 원입니다. 맛있는 것으로 골라 드릴게요."

얼굴 가득 미소를 띤 배추 장수가 배추를 담으며 말하였다. 세 포기의 배추가 담긴 자루는 꽤 크고 무거워 보였다.

"제가 다른 짐이 있어서 그러는데 혹시 배달도 해 주시나요?"

"그럼요. 동, 호수만 알려 주시면 저녁에 드실 수 있도록 얼른 갖다드릴게요."
배추 장수의 약속
배추 장수의 친절한 대답에 지수 엄마도 기분 좋게 배춧값을 지불했다.

"감사해요. 108동 1305호예요."

지수 엄마는 배추전을 맛있게 먹을 지수를 생각하며 가벼운 발걸음을 옮겼다. ▶ 배추 장수에게 배추를 사면서 배달을 부탁한 지수 엄마

2 지수 엄마가 막 아파트 현관에 들어서는데, 갑자기 세찬 소나기가 쏟아지기 시작했다. 지수 엄마는 비가 오기 전에
약속의 장애물
서둘러 집으로 돌아오길 잘했다고 생각하며 느긋하게 저녁을 준비하기 시작했다. 그런데 믿음직스럽게 배달을 약속했
배추 장수의 약속이 지켜지지 않음
던 배추 장수는 저녁 식사가 끝날 때까지도 오지 않았다. 비가 와서 배달이 늦는 것이려니 생각하며 애써 마음을 다스
리던 지수 엄마는 밤늦게까지 배추 장수에게서 아무 소식이 없자 점차 화가 나기 시작했다.

"그까짓 돈 만 원에 양심을 팔다니."
배추 장수에 대한 불신
"뜨내기 장사꾼을 믿고 선뜻 돈을 주고 온 당신 마음이 너무 좋았던 거지. 길에서 잃어버렸다고 생각하고 그만 잊어요."

자초지종을 들은 지수 아빠의 위로에도 지수 엄마는 속이 상해서 잠을 이룰 수가 없었다. ▶ 밤늦게까지 배달되지 않은 배추

3 다음 날 아침이었다. 지수 엄마가 출근할 준비를 하고 있는데 문득 초인종이 울렸다. 문 앞에는 놀랍게도 어제 배
추를 팔았던 배추 장수가 서 있었다. 지수 엄마는 얼른 문을 열었다.

"저, 혹시 어제 아파트 정문 앞에서 배추 세 포기를 사지 않으셨나요?"

"네, 맞아요. 어제 안 오시기에 잊으신 줄 알았는데……. 왜 이제 오셨어요?"

배추 장수는 민망한 듯 머리를 긁적이며 쪽지 하나를 내보였다.

「어제 배달을 나서는데 갑자기 비가 와서 주소를 적은 종이가 흠뻑 젖고 말았어요. 손으로 얼른 털었는데, 글씨는 더
「 」: 배달이 늦은 이유 - 배추 장수의 정직한 성품이 드러남
번지고……. 맨 끝에 '5' 자만 겨우 알아볼 수 있어서, 단지 안에 있는 5호를 전부 돌다가 그만 날이 어두워졌어요. 오
늘도 일찍 나와서 열심히 다녔는데, 이제야 찾았네요. 어제 많이 기다리셨을 텐데 배달이 늦어서 정말 죄송합니다.」

배추 장수는 미안한 표정으로 꾸벅 고개를 숙였다. 배추를 받아든 지수 엄마의 얼굴이 발갛게 달아올랐다.
배추 장수를 오해했던 일에 대한 부끄러움 ┘ ▶ 다음 날 아침 배추를 배달한 배추 장수와 오해가 풀린 지수 엄마

글 내용 한눈에 보기 •••

본문 37쪽

1 배추　**2** 배달　**3** 약속　**4** 오해

글을 이해해요

✓ 자기 평가

본문 38쪽

01 (내용 이해)

1 ○　　**2** ✕

⭕ ✕

02 (내용 비판)

①

⭕ ✕

03 (내용 추론)

④

⭕ ✕

04 (중심 내용 쓰기)

<u>주소를 적은 종이</u>가 비에 젖어 배추 배달을 할 수 없게 된 배추 장수는 <u>단지 안에 있는 5호</u>를 전부 돌다가 다음 날 아침에야 배추를 배달하였다.

⭕ ✕

01 **1** 1문단에서 지수 엄마는 배추 장수에게 배추 세 포기를 집으로 배달받기로 하고 배춧값으로 만 원을 지불했어요.
2 3문단에서 배추 장수는 갑자기 내린 비에 주소를 적은 종이가 젖어 배달할 주소를 확인할 수 없게 되어, 여러 집을 돌다가 다음 날 아침에서야 배추를 배달할 수 있었어요.

02 배추 장수는 비가 와서 주소를 적은 종이가 젖어 글씨를 알아볼 수 없는 상황에서도 다음 날까지 단지 안에 있는 5호를 전부 다니면서 지수 엄마의 집을 찾아 배추를 배달했어요. 이로 보아 배추 장수는 정직하고 책임감이 강한 인물이에요.

(오답풀이)
② 배추 장수가 배추를 늦게 배달한 것은 주소를 적은 종이가 비에 젖어서이지 배추 장수가 게을러서가 아니에요.
③ 화가 난 지수 엄마를 위로하는 것으로 보아 지수 아빠는 다정하고 상대방을 배려할 줄 아는 인물이에요.
④ 약속을 지키지 않은 사람은 지수 엄마가 아니라 배추 장수예요.
⑤ 지수 엄마는 다른 짐이 있어서 배추를 배달해 줄 수 있는지 물어본 것이므로 이를 이기적이라고 하기는 어려워요.

03 배추 장수는 어제 주소를 적은 종이가 비에 젖어 배추를 배달하지 못했으며 단지에 있는 5호를 전부 다닌 끝에 배추를 배달하게 되었다고 했어요. 이 말을 들은 지수 엄마는 배추 장수를 정직하지 않은 사람이라고 오해하고 화를 낸 일이 부끄러워 얼굴이 발갛게 달아올랐던 거예요.

04 이 글은 약속을 지키기 위해 노력한 배추 장수의 일화를 담고 있어요. 배추 장수는 주소를 적은 종이가 비에 젖어 주소를 알아볼 수 없게 되자 겨우 알아볼 수 있는 맨 끝의 '5' 자만 가지고 단지 안에 있는 5호를 전부 다닌 끝에 다음 날 아침에야 배추를 배달할 수 있었어요.

어휘를 익혀요

본문 39쪽

01 **1** ㄴ　**2** ㄷ　**3** ㄱ　　**02** **1** 자초지종　**2** 느긋　**3** 뜨내기　　**03** **1** 산지　**2** 흠뻑　**3** 선뜻

바다의 뛰어난 잠수부, 향유고래

본문 40~41쪽

코칭 Tip 이 글은 향유고래의 잠수 비결에 대해 설명하는 글입니다. 포유류인 향유고래가 오랜 시간 동안 잠수할 수 있는 비결을 이해하고, 그 원리를 파악하며 글을 읽을 수 있도록 합니다.

1 사람이 도구의 도움 없이 물속에서 물고기처럼 자유롭게 움직이는 것은 불가능하다. 사람의 호흡 기관인 폐는 물고기의 아가미와 달리 물을 통과시킬 수 없기 때문이다. 그런데 사람처럼 폐로 호흡하는 포유류 중에서 무려 1시간 동안 잠수하여 수심 2,000m까지 내려갈 수 있는 동물이 있다. 바로 향유고래이다. 향유고래는 깊은 바다에 사는 포유류로, 몸길이가 최대 20m에 달하며 몸무게는 수십 톤에 이른다. 뭉툭한 사각형 모양의 머리가 몸 전체 길이의 3분의 1을 차지하며, 큰 꼬리지느러미를 가지고 있는 것이 특징이다. 이처럼 거대한 몸집의 향유고래가 어떻게 뛰어난 잠수 실력을 가지게 된 것일까?
▶ 거대한 몸집으로 뛰어난 잠수 실력을 가진 향유고래

2 첫 번째 비결은 뇌유를 담고 있는 큰 머리이다. 향유고래의 머리는 기름인 뇌유와 뇌유를 감싸는 주머니, 뇌유를 만드는 조직 등으로 구성되어 있다. 뇌유는 보통 액체의 상태이지만 온도가 29도 이하로 떨어지면 고체로 굳는 성질이 있다. 『향유고래가 잠수할 때는 차가운 바닷물을 코로 흡입한다. 그러면 뇌유의 온도가 29도 이하로 낮아져 뇌유가 고체로 변하면서 뇌유가 든 머리 부분이 무게추의 역할을 하여 깊은 바다 속으로 쉽게 들어갈 수 있다. 향유고래가 떠오를 때는 잠수할 때와 반대로 몸속의 바닷물을 코로 배출한다. 그러면 뇌유 부근의 혈관이 확장되어 혈액이 흐르게 되고, 이로 인해 온도가 상승하여 뇌유가 액체가 된다. 그 결과 향유고래가 수면 위로 떠오른다.』
▶ 향유고래의 잠수 비결 ①: 뇌유를 담고 있는 큰 머리

3 두 번째 비결은 다량의 산소를 저장하는 근육이다. 향유고래의 근육은 육지에 사는 동물의 10배에 달하는 수치의 미오글로빈을 함유하고 있다. 미오글로빈은 근육 안에 있는 단백질로, 산소와 결합하여 몸속에 산소를 저장하는 성질이 있다. 미오글로빈은 근육에 다량의 산소를 저장하고 있다가 잠수를 할 때와 같이 산소가 필요한 경우에 산소를 방출하여 향유고래가 물속에서 오랜 시간 활동하는 데에 중요한 역할을 한다.
▶ 향유고래의 잠수 비결 ②: 다량의 산소를 저장하는 근육

4 세 번째 비결은 크기가 작고 탄력성이 우수한 폐이다. 수심이 10m 깊어질 때마다 수압은 1기압씩 증가하므로, 수심 1,000m에서 작용하는 압력은 수면보다 약 100배 정도 높다. 10m 높이의 물기둥이 누르는 압력을 1기압이라고 할 때, 향유고래가 잠수하는 수심 2,000m에서 작용하는 수압의 강도는 실로 엄청나다. 그러나 향유고래의 폐는 공기의 흡입을 최소화하도록 작게 발달되었고, 엄청난 수압에도 파열되지 않는 우수한 탄력성을 가지고 있어 심해에서의 잠수를 돕는다.
▶ 향유고래의 잠수 비결 ③: 크기가 작고 탄력성이 우수한 폐

5 지금까지 향유고래의 잠수 비결에 대해 알아보았다. 향유고래는 폐로 호흡하는 포유류이지만, 심해에서 대왕오징어를 사냥할 수 있을 만큼 뛰어난 잠수부이다. 향유고래는 뇌유를 담고 있는 큰 머리, 다량의 산소를 저장하는 근육, 크기가 작고 탄력성이 우수한 폐를 활용하여 1시간 동안 잠수하여 수심 2,000m까지 내려가는 잠수 실력을 보여 준다. 한때 향유고래는 뇌유가 품질 좋은 윤활유로 쓰이고, 대장에 생기는 물질이 값비싼 향료의 재료로 사용되어 무분별한 남획의 표적이 되기도 하였다. 사람들의 욕심 때문에 멸종 위기에 처한 향유고래가 앞으로도 드넓고 깊은 바다에서 마음껏 잠수 실력을 뽐낼 수 있기를 바란다.
▶ 향유고래의 잠수 비결과 향유고래를 위한 바람

≫ 글 내용 한눈에 보기 ●●●

본문 41쪽

1 잠수 **2** 머리 **3** 산소 **4** 탄력성

◀ 글을 이해해요 ▶

☑ 자기 평가

본문 42쪽

01 (내용 이해)
　1 ✕　　**2** ◯
◯ ✕

02 (내용 추론)
　③
◯ ✕

03 (내용 이해)
　1 고체　　**2** 무게추　　**3** 액체
◯ ✕

04 (중심 내용 쓰기)
　　향유고래는 뇌유를 담고 있는 큰 머리, 다량의 산소를 저장하는 근육, 크기가 작고 탄력성이 우수한 폐를 활용하여 I시간 동안 잠수하여 수심 2,000m까지 내려갈 수 있다.
◯ ✕

01 **1** 1문단에서 향유고래는 깊은 바다에 사는 포유류라고 했어요.
2 5문단에서 한때 향유고래는 무분별한 남획의 표적이 되어 멸종 위기에 처하였다고 했어요.

02 이 글에 향유고래의 이름이 어떤 의미를 가지고 있는지에 대한 내용은 제시되어 있지 않아요.

(오답 풀이)
① 1문단에서 향유고래는 뭉툭한 사각형 모양의 머리가 몸 전체 길이의 3분의 1을 차지하며, 큰 꼬리지느러미를 가지고 있는 것이 특징이라고 했어요.
② 2~4문단에서 향유고래는 뇌유를 담고 있는 큰 머리, 다량의 산소를 저장하는 근육, 크기가 작고 탄력성이 우수한 폐를 활용하여 잠수할 수 있다고 했어요.
④ 5문단에서 한때 향유고래는 뇌유가 품질 좋은 윤활유로 쓰이고, 대장에 생기는 물질이 값비싼 향료의 재료로 사용되어 무분별한 남획의 표적이 되었다고 했어요.
⑤ 4문단에서 향유고래의 폐는 공기의 흡입을 최소화하도록 작게 발달되었고, 엄청난 수압에도 파열되지 않는 우수한 탄력성을 가지고 있다고 했어요.

03 향유고래의 머리에 있는 뇌유는 보통 액체의 상태이지만 온도가 29도 이하로 떨어지면 고체로 굳는 성질이 있어요. 뇌유의 온도가 29도 이하로 낮아지면 뇌유가 '고체'로 변하면서 뇌유가 든 머리가 '무게추'의 역할을 하여 깊은 바다 속으로 쉽게 잠수할 수 있어요. 반대로 뇌유의 온도가 올라가 뇌유가 '액체'로 변하면 향유고래가 수면 위로 떠올라요.

04 이 글은 포유류인 향유고래가 깊은 바다 속에서 잠수할 수 있는 비결 세 가지에 대해 설명하고 있어요.

◀ 어휘를 익혀요 ▶

본문 43쪽

01 **1** ㄱ　**2** ㄴ　**3** ㄷ　　**02** **1** 함유　**2** 파열　**3** 무분별　　**03** **1** 비결　**2** 수심　**3** 남획

10 홈스, 모자 주인을 추리하다

코칭Tip 이 글은 홈스가 모자를 보고 모자 주인에 대해 추리하는 이야기입니다. 홈스가 모자 주인에 대해 추리한 내용을 이해하고, 그렇게 추리한 근거를 파악하며 글을 읽을 수 있도록 합니다.

1 나는 크리스마스 이틀 뒤에 홈스를 찾아갔다. 응접실 의자의 등받이 모서리에는 낡은 중절모가 걸려 있었다. 의자
　　└ 왓슨 – 이야기의 서술자　　　　중심인물
위에 돋보기와 핀셋이 놓여 있는 것으로 보아, 홈스가 그 중절모를 조사하려는 듯했다.

"왓슨 왔는가? 그 모자는 우편배달부 피터슨이 크리스마스이브에 주웠는데 주인을 찾아 주고 싶다며 가져왔다네. 거

위 한 마리와 함께 말이지."

"그래서 모자 주인을 찾았나?"

"그게 문제야. 거위의 왼쪽 다리에 '헨리 베이커 부인'이라고 쓰인 카드가 매어져 있었고, 모자 안쪽에 'H.B'라는 머

리글자가 있지만 런던에는 이름이 '헨리 베이커'인 사람이 수백 명이지 않나. 그래서 모자를 보고 추리할 수 있는 데

까지 해 보려고 한다네." 　　　　　　　　　　　　　　　　　　　▶ 홈스를 찾아갔다가 주인을 찾아 달라며 맡겨진 모자를 발견한 왓슨

2 나는 모자를 살펴보았다. 『흔한 둥근 모양의 검정 중절모로, 오래 썼는지 매우 낡아 있었다. 안감은 붉은색 비단이
　　　　　　　　　　　　└ ：왓슨이 살펴본 모자의 겉모양
었는데 상당히 빛이 바래어 있었다. 제조 회사의 이름은 없었고, 모자 안쪽에는 'H.B'라는 머리글자가 써 있었다. 모자

챙에는 모자를 매는 끈을 꿰는 구멍은 있었으나 끈은 없었다. 모자에 먼지가 잔뜩 끼어 있었으며, 얼룩이 진 부분을 감

추려고 검은 잉크를 칠한 흔적도 보였다.』

"그다지 특별한 점이 없는데……." 　　　　　　　　　　　　　　　　　　　　　　　　　　　▶ 모자를 살펴보았지만 아무것도 알아내지 못한 왓슨
　　└ 모자 주인에 대해 알아내지 못함

3 "그렇지 않아, 왓슨. 자네는 모든 걸 보았어. 단지 추리를 하지 않은 것뿐이야. 모자가 너무 낡아서 좀 어렵지만 두

세 가지는 확실하고, 나머지도 십중팔구는 들어맞으리라고 생각하네. 이 모자의 주인은 지금은 생활이 넉넉하지 않
　　　　　　　　　　　　　　　　　　　　　　　　　　　　　　　　　　　　　　홈스가 추리한 모자 주인의 특징 ①
지만 3년 전만 해도 꽤 부유했을 거야. 원래는 준비성 있고 꼼꼼한 사람이지만 지금은 정신적으로 해이해져 있는 것
　　　　　　　　　　　　　　　　　　　　　　　　　홈스가 추리한 모자 주인의 특징 ②
같아. 그러나 아직 자존심은 남아 있네." 　　　　　　　　　　　　　　　　　▶ 모자를 보고 모자 주인에 대해 추리한 내용을 말하는 홈스

4 "홈스, 그냥 생각나는 대로 말하는 것 아닌가? 그 사람의 생활이 궁핍해졌다는 것은 어떻게 추리한 건가?"
　　　　　　└ 홈스가 추리한 내용을 신뢰하지 않음
『"이 모자의 모양을 보게. 챙이 넓고 끝이 말려 올라간 것은 3년 전에 유행한 형태일세. 이건 상당히 값비싼 모자라네.
　└ ：모자 주인이 부유했다가 궁핍해졌다고 추리한 근거
낡긴 했어도 모자 전체의 검은 비단과 안감은 매우 좋은 소재이지. 3년 전에 이런 좋은 모자를 샀던 사람이 그 뒤로

는 새것을 사지 못하고 이 낡은 모자만 썼다면, 지금은 생활이 넉넉하지 않다는 걸 짐작할 수 있어."

　　　　　　　　　　　　　　　　　　　　　　　　　　　　　　　　　　　　▶ 홈스가 모자 주인에 대해 추리한 근거 ①

5 "준비성이 있고 꼼꼼하던 사람이 지금은 그렇지 않다는 건?"

홈스는 웃으며 모자 끈을 꿰는 구멍을 가리켰다.

『"원래 모자에는 이런 구멍이 없다네. 모자를 살 때 바람에 날아가지 않도록 끈을 매려고 구멍을 만들어 달라고 부탁
　└ ：모자 주인이 준비성이 있고 꼼꼼했으나 지금은 해이해졌다고 추리한 근거
한 것일 거야. 준비성이 있고 상당히 꼼꼼한 성격이었겠지만 지금은 그 끈을 매지 않은 채로 쓰고 다닌 듯하네. 또 잉

크를 칠해서 모자의 얼룩을 감추려고 애쓴 걸 보면 아직 자존심을 잃지는 않은 것 같군."』 　▶ 홈스가 모자 주인에 대해 추리한 근거 ②

❯❯ 글 내용 한눈에 보기 •••

본문 45쪽

1 유행 **2** 넉넉 **3** 구멍 **4** 자존심

◀ 글을 이해해요 ▶

☑ 자기 평가

본문 46쪽

01 (내용 이해)
1 ✕   **2** ✕   ○ ✕

02 (내용 이해)
①   ○ ✕

03 (내용 추론)
⑤   ○ ✕

04 (중심 내용 쓰기)
홈스가 모자의 겉과 안의 모습을 살펴보고 <u>모자 주
인에 대해 추리하였다.</u>   ○ ✕

01 **1** 1문단에서 우편배달부 피터슨이 모자의 주인을 찾아
달라고 홈스에게 부탁했다고 했어요.
2 4문단에서 '나'는 홈스의 추리를 듣고, 그냥 생각나는 대
로 말하는 것 아니냐고 되물으며 믿지 못하는 반응을 보이고
있어요.

02 홈스는 3문단에서 모자의 주인은 아직 자존심은 남아
있다고 추리했어요. 그리고 5문단에서 잉크를 칠해서 모자의
얼룩을 감추려고 애쓴 걸 보면 아직 자존심을 잃지는 않은 것
같다며 그 근거를 밝히고 있어요.

03 '사건의 발단'을 묻는 문제는 이야기에서 중심 사건이 일
어난 계기가 되는 일을 찾는 거예요. 이 이야기에서는 홈스가
모자를 보고 모자 주인에 대해 추리한 것이 중심 사건이 되
겠죠? 홈스는 우편배달부 피터슨이 주인을 찾아 주고 싶다며
모자를 가져온 일을 계기로 모자 주인에 대해 추리하게 돼요.

(오답 풀이)
①, ②, ③, ④ 홈스가 응접실에 앉아 있던 일이나 '나'가 홈
스의 집에서 낡은 중절모를 본 일, '나'가 크리스마스 이틀 뒤
에 홈스를 찾아간 일, 거위 다리에 카드가 매어져 있던 일 등
은 모두 홈스가 모자를 보고 모자 주인에 대해 추리하는 계기
로 보기 어려워요.

04 이 글에서 홈스는 모자의 겉과 안의 모습을 보고 단서를
찾아, 모자 주인이 지금은 생활이 넉넉하지 않지만 3년 전만
해도 꽤 부유했고, 원래는 준비성 있고 꼼꼼한 사람이지만 지
금은 정신적으로 해이해져 있으며, 아직 자존심은 남아 있다
고 추리하고 있어요.

◀ 어휘를 익혀요 ▶

본문 47쪽

01 **1** ㄷ **2** ㄱ **3** ㄴ   **02** **1** 준비성 **2** 중절모 **3** 십중팔구   **03** **1** 궁핍 **2** 해이 **3** 추리

11 어서 와, 경주는 처음이지

코칭 Tip 이 글은 신라의 역사를 간직하고 있는 도시인 경주의 문화유산에 대해 설명하는 글입니다. 유적지나 유물별로 어떤 특징과 가치를 지니고 있는지 파악하며 글을 읽을 수 있도록 합니다.

1 경주는 경상북도 동남쪽에 있는 도시이다. 신라의 수도였을 때에는 '서라벌'이라고 불리다가 935년에 신라가 고려에 항복한 뒤, '경주'로 바뀌었다. 신라의 천 년 역사를 고스란히 간직하고 있는 이곳은 도시 전체가 박물관이라고 할 만큼 다양한 문화유산이 남아 있다.
_{중심 소재}
▶ 다양한 문화유산이 남아 있는 경주

2 경주에는 신라의 왕과 왕비를 비롯하여 귀족이나 주인 모를 무덤까지 약 250여 기의 무덤이 있다. 그래서 시내에서도 커다란 동산 모양의 무덤을 흔히 볼 수 있다. 경주시 황남동의 대릉원에는 거대한 봉분을 갖춘 신라의 고분이 약 20여 기가 모여 있다. 그중 다음 세 기의 고분이 가장 유명하다. '미추왕릉'은 '대릉원'이라는 이름을 짓게 한 사연을 담고 있다. 『삼국사기』의 기록 중 '미추왕이 죽어 대릉(大陵)에 장사 지냈다.'라는 기록이 있어, 미추왕릉이 있는 이곳을 '대릉원'이라고 이름 붙였다. '황남대총'은 두 기의 무덤이 붙어 있는 형태로, 신라의 고분 중 가장 크다. 남쪽 무덤에서는 왕을 상징하는 유물이, 북쪽 무덤에서는 왕비를 상징하는 유물이 발견되어 부부가 함께 묻혔을 것으로 추정된다. '천마총'은 금관, 천마도(말이 하늘로 날아오르는 모습을 그린 그림)를 비롯하여 장신구와 무기, 그릇 등 총 1만 1,500여 점에 달하는 유물이 발굴된 무덤이다. 이곳에서 발견된 유물은 옛 신라인의 생활 모습과 문화를 짐작하는 데 귀중한 자료가 되었다.
▶ 신라의 고분이 모여 있는 대릉원

3 첨성대는 '별을 보는 전망대'라는 뜻으로, 7세기 중엽 선덕 여왕 시절에 만들어졌다. 동양에서 가장 오래된 천문대로, 국보 제31호이다. 높이가 9m에 이르며 362개의 화강암을 화병처럼 쌓아올려 만들었고, 맨 위에는 우물 정(井) 자 모양으로 돌이 놓여 있다. 남쪽으로 난 정사각형의 창문 바깥에 사다리를 놓아 사람들이 첨성대 안으로 들어가고, 그 안에서 다시 사다리를 타고 꼭대기까지 올라가 별을 관측했을 것으로 보인다. 첨성대는 날씨를 예측하여 농사를 짓는 데 도움을 주거나 달력을 만드는 데 쓰였던 것으로 알려져 있다.
▶ 동양에서 가장 오래된 천문대인 첨성대

4 불국사와 석굴암에서는 신라의 불교문화를 엿볼 수 있다. 불국사는 토함산 기슭에 있는 절로, 그 안에는 석가탑, 다보탑, 청운교, 백운교 등 수많은 국보와 보물이 있다. 토함산 동쪽으로는 우리나라의 대표적인 석굴 사원인 석굴암이 있다. 단단한 화강암으로 된 부처상에서는 완벽하고 빼어난 조각 기법을, 석굴 모양에서는 독창적인 건축 방식을 확인할 수 있다. 불국사와 석굴암은 세계적으로 그 우수성을 인정받아 유네스코 세계 문화유산으로도 등재되었다.
▶ 신라의 불교문화를 엿볼 수 있는 불국사와 석굴암

5 국립 경주 박물관에서는 경주와 주변 지역에서 발굴된 신라 시대의 유물을 볼 수 있다. 박물관에 전시된 유물 중 방문객의 사랑을 가장 많이 받는 것은 성덕 대왕 신종과 천마총에서 나온 금관이다. 『성덕 대왕 신종은 국보 제29호로, 우리나라에 남아 있는 종 가운데 가장 거대하며 종의 겉면에 새겨진 조각상이 아름답다. 장엄하면서도 신비로운 종소리가 아이 울음소리처럼 들린다고 하여 '에밀레종'이라고도 부른다.』 천마총에서 나온 금관은 국보 제188호로, 금과 옥으로 된 장식이 가득 달려 있어 화려함의 극치를 보여 준다.
▶ 성덕 대왕 신종, 천마총 금관 등의 유물을 볼 수 있는 국립 경주 박물관

❯❯ 글 내용 한눈에 보기 ●●●

본문 49쪽

1 경주　**2** 고분　**3** 첨성대　**4** 불교　**5** 금관

◀ 글을 이해해요 ▶

☑ 자기 평가

본문 50쪽

01 (내용 이해)
1 ✕　　**2** ○ 　　○ ✕

02 (내용 이해)
② 　　○ ✕

03 (내용 추론)
② 　　○ ✕

04 (중심 내용 쓰기)
신라의 천 년 역사를 고스란히 간직하고 있는 경주에
는 다양한 문화유산이 남아 있다.　　○ ✕

01 **1** 1문단에서 경주는 신라의 수도였을 때에는 '서라벌'
이라고 불리다가 935년에 신라가 고려에 항복한 뒤 '경주'로
바뀌었다고 했어요.
2 5문단에서 성덕 대왕 신종은 국보 제29호이고, 천마총에
서 나온 금관은 국보 제188호라고 했어요.

02 2문단에서 천마총에서는 천마도를 비롯하여 장신구와
무기, 그릇 등 총 1만 1,500여 점에 달하는 유물이 발굴되었다
고 했어요. 그런데 5문단에서 천마총에서 나온 금관은 국립
경주 박물관에 전시되어 있다고 했으므로, 천마총에서 발굴
된 유물을 대릉원에서 모두 볼 수 있지는 않아요.

03 신라의 불교문화를 엿볼 수 있는 곳은 불국사와 석굴암
이에요. 첨성대는 별을 관측하던 천문대이므로 불교문화와는
관련이 없어요.

(오답풀이)
① 대릉원에는 미추왕릉, 황남대총, 천마총 등 신라의 고분이
모여 있으므로, 신라의 고분을 직접 보기 위한 여행지로 적절
해요.
③ 불국사에는 석가탑, 다보탑, 청운교, 백운교 등 수많은 국
보와 보물이 있으므로, 국보와 보물을 보기 위한 여행지로 적
절해요.
④ 석굴암의 석굴 모양에서 독창적인 건축 방식을 확인할 수
있으므로, 석굴 사원의 독창적인 건축 양식을 보기 위한 여행
지로 적절해요.
⑤ 국립 경주 박물관에는 성덕 대왕 신종과 천마총에서 나온
금관 등 경주와 그 주변 지역에서 발굴된 신라 시대의 유물이
있으므로, 신라 시대의 유물을 보기 위한 여행지로 적절해요.

04 이 글은 경주의 문화유산에 대해 설명하고 있어요. 신라
의 수도였던 경주는 신라의 천 년 역사를 고스란히 간직하고
있으며, 다양한 문화유산이 남아 있어요.

◀ 어휘를 익혀요 ▶

본문 51쪽

01 **1** ㄱ　**2** ㄷ　**3** ㄴ　　**02** **1** 등재　**2** 발굴　**3** 장엄　　**03** **1** 기슭　**2** 극치　**3** 고분

12 터져야 제맛, 팝콘

코칭Tip 이 글은 팝콘에 대해 설명하는 글입니다. 옥수수를 가열할 때 옥수수 알갱이에 생기는 변화를 이해하고, 이를 바탕으로 팝콘이 만들어지는 과정 및 팝콘의 모양에 영향을 주는 요소를 파악하며 글을 읽을 수 있도록 합니다.

❶ 우리가 흔히 쪄서 먹는 강원도 찰옥수수를 튀기면 팝콘이 될까? 아쉽지만 아무리 잘 말려서 전자레인지에 돌린다
질문을 통해 독자의 흥미를 유발함   중심 소재
고 해도 팝콘이 되지는 않는다. 자칫하다가 새까맣게 타 버릴 뿐이다. 팝콘은 분명 옥수수를 튀겨서 만드는 것인데 왜
강원도 찰옥수수는 팝콘이 되지 않을까? 그 이유는 바로 옥수수의 종류에 있다. 옥수수는 색깔이나 크기, 모양 등에 따
라 여러 종류로 나뉘는데, 강원도 찰옥수수는 알갱이가 큰 편으로 납질종 옥수수에 속한다. 반면에 팝콘용 옥수수는 알
                                                    옥수수의 종류 ①
갱이가 작고 단단한 폭립종 옥수수로, 아메리카 대륙이 원산지이다.   ▶ 팝콘을 만들 때 쓰는 폭립종 옥수수
옥수수의 종류 ②

❷ 납질종 옥수수는 알갱이가 크고 전분의 밀도가 낮아서 내부의 수분이 적기 때문에 뻥튀기를 만들 때 쓴다. 뻥튀기
                        납질종 옥수수의 특징
를 만들기 위해서는 높은 온도와 압력이 필요하다. 『뻥튀기 기계에 납질종 옥수수를 넣고 열을 가하면 온도와 압력이 높
                        『 』: 뻥튀기가 만들어지는 과정
아지는데, 이때 기계를 열면 내부의 압력이 갑자기 낮아지면서 옥수수가 부풀어 올라 뻥튀기가 된다.』 반면 폭립종 옥수
수는 알갱이가 작고 단단하며 전분의 밀도가 높아서 내부에 수분이 많다. 바로 이 수분 때문에 옥수수가 터지면서 팝콘
                        폭립종 옥수수의 특징
이 된다.   ▶ 뻥튀기를 만들 때 쓰는 납질종 옥수수

❸ 물은 고체, 액체, 기체의 세 가지 상태로 존재한다. 액체였던 물이 기체로 변하면 부피가 엄청나게 증가한다. 예를
                                        물의 특징
들어 물 한 방울이 수증기로 변하면 부피가 약 1,800배 정도 증가하는데, 2L 짜리 페트병 하나를 채울 정도라고 보면
된다. 팝콘은 옥수수 알갱이에 있던 수분이 기체로 변하면서 옥수수가 터지는 것이기에, 옥수수에 적당한 열만 가하면
쉽게 만들 수 있다.   팝콘이 만들어지는 원리   ▶ 옥수수 알갱이의 수분이 기체로 변하면서 만들어지는 팝콘

❹ 그렇다면 프라이팬이나 전자레인지에 옥수수를 넣고 가열할 때 옥수수 알갱이에 어떤 변화가 일어나는지 살펴보
자. 『폭립종 옥수수는 단단한 녹말 껍데기가 알갱이를 감싸고 있는데, 옥수수에 열을 가하면 내부의 수분이 뜨거워진다.
『 』: 폭립종 옥수수를 가열할 때 옥수수 알갱이에 생기는 변화 – 팝콘이 만들어지는 과정
열을 받아 뜨거워진 수분은 점점 기체로 변하지만, 기체 분자들은 빈틈이 없는 단단한 껍데기 때문에 밖으로 빠져나가
지 못하고 알갱이 벽에 부딪치게 된다. 그러다 내부의 팽창을 견디지 못한 껍데기가 갈라지기 시작하고, 이때를 틈타
활발하게 움직이던 기체 분자들이 껍데기 틈으로 튀어나온다. 결국 '톡' 하는 소리와 함께 옥수수가 터지면서 팝콘이 되
는 것이다.』   ▶ 폭립종 옥수수를 가열할 때 옥수수 알갱이에 생기는 변화

❺ 같은 폭립종 옥수수라고 하더라도 알갱이의 모양에 따라 완성된 팝콘의 모
                                    팝콘의 모양에 영향을 주는 요소
양이 달라진다. 뾰족하고 표면이 고르지 않은 알갱이를 튀기면 길고 불규칙한
            옥수수 알갱이 모양에 따른 팝콘의 모양 ①
모양의 팝콘이 되는데, 마치 날개를 펼친 나비 모양 같다고 해서 이를 버터플라
이형 팝콘이라고 부른다. 부스러지기 쉽지만 치즈 가루 같은 가루 양념을 뿌려
맛을 내기에 적당하다. 둥글고 표면이 반질반질한 알갱이를 튀기면 둥근 공 모
            옥수수 알갱이 모양에 따른 팝콘의 모양 ②
양의 팝콘이 되는데, 버섯을 닮았다고 해서 이를 머시룸형 팝콘이라고 부른다.
잘 부서지지 않고 소스를 골고루 묻힐 수 있기 때문에 캐러멜 시럽을 뿌려 맛을
내기에 적당하다.   ▶ 옥수수 알갱이의 모양에 따라 달라지는 팝콘의 모양

글 내용 한눈에 보기 •••

본문 53쪽

1 팝콘 **2** 뻥튀기 **3** 수분 **4** 팽창 **5** 알갱이

글을 이해해요

☑ 자기 평가

본문 54쪽

01 (내용 이해)
1 ○ **2** ✕

⬭ ✕

02 (내용 비판)
③

⬭ ✕

03 (내용 이해)
1 폭립종 **2** 수분 **3** 기체
4 팝콘

⬭ ✕

04 (중심 내용 쓰기)
옥수수 알갱이에 있던 <u>수분</u>이 <u>기체</u>로 변하여 팽창하면서 옥수수가 터져 <u>팝콘</u>이 된다.

⬭ ✕

01 **1** 2문단에서 팝콘용 옥수수로 쓰이는 폭립종 옥수수는 알갱이가 작고 단단하며 전분의 밀도가 높아서 내부에 수분이 많다고 했어요.
2 5문단에서 둥글고 표면이 반질반질한 알갱이를 튀기면 둥근 공 모양의 팝콘이 되는데, 버섯을 닮았다고 해서 이를 머쉬룸형 팝콘이라고 부른다고 했어요.

02 이 글은 팝콘에 대해 설명하는 글이에요. 1~2문단에서 팝콘을 만들 수 있는 옥수수의 종류에 대해 설명하고, 3~4문단에서 옥수수를 가열할 때 옥수수 알갱이에 생기는 변화, 즉 옥수수가 팝콘이 되는 과정을 설명하고 있어요.

(오답풀이)
① 1문단에서 옥수수의 종류를 설명하고 있을 뿐, 이 글에서 옥수수를 키우는 방법에 대한 설명은 찾아볼 수 없어요.
② 5문단에서 팝콘의 종류에 따라 팝콘에 가루 양념이나 시럽을 뿌려 맛을 낸다고 하였으나, 이는 팝콘을 맛있게 먹는 방법을 설명한 것이 아니라 팝콘의 모양별로 맛을 내는 방법이 다름을 설명한 것이에요.
④ 2문단에서 뻥튀기가 만들어지는 과정을 설명하고 있을 뿐, 이 글에서 팝콘과 뻥튀기의 맛의 차이점에 대한 설명은 찾아볼 수 없어요.
⑤ 이 글에서 팝콘을 많이 먹으면 안 좋은 점에 대한 설명은 찾아볼 수 없어요.

03 팝콘은 알갱이가 작고 단단하며 수분이 많은 '폭립종' 옥수수로 만들어요. 옥수수에 열을 가하면 내부의 '수분'이 뜨거워져 기체로 변하고, 팽창을 견디지 못하고 껍데기가 갈라지며 '기체' 분자들이 튀어나오면서 옥수수가 터져 '팝콘'이 돼요.

04 이 글은 팝콘이 만들어지는 과정에 대해 설명하고 있어요. 팝콘은 옥수수 알갱이에 있던 수분이 기체로 변하면서 팽창하여 옥수수가 터지는 것이에요.

어휘를 익혀요

본문 55쪽

01 **1** ㄷ **2** ㄴ **3** ㄱ   **02** **1** 원산지 **2** 가 **3** 자칫   **03** **1** 팽창 **2** 내부

13 일코노미를 아시나요

코칭 Tip 이 글은 혼자서 경제생활을 꾸려 나가는 일을 의미하는 '일코노미'에 대해 설명하는 글입니다. 일코노미가 우리 경제에 미치는 영향을 이해하고, 이를 바탕으로 1인 가구에 대한 전망 및 앞으로의 과제를 파악하며 글을 읽을 수 있도록 합니다.

1 '혼밥(혼자 밥 먹기)', '혼놀(혼자 놀기)', '혼영(혼자 영화 보기)' 등 요즘 유행하는 이런 말 속에는 가구 구성원이 한 명인 1인 가구가 늘고 있는 우리 사회의 모습이 담겨 있다. 결혼을 안 하거나 늦게 하는 풍토의 확산, 학교나 직장 때문에 가족과 따로 사는 사람들의 증가, 고령화 현상 등이 맞물려 1인 가구가 점차 늘고 있다. 통계청 자료에 따르면 2000년 222만 가구였던 1인 가구 수는 2020년 664만 가구로 늘어 전체 가구 중 31.7%를 차지하였다. 세 가구 중 한 가구가 1인 가구인 셈이다. 이에 발맞추어 '일코노미'가 주목을 받고 있다. ▶ 1인 가구가 늘고 있는 우리 사회와 일코노미의 대두

2 '일코노미'는 한 사람을 뜻하는 '1인(人)'과 경제를 뜻하는 '이코노미(Economy)'가 합쳐진 용어로, 혼자서 경제생활을 꾸려 나가는 일을 일컫는다. 1인 가구는 전 연령에 걸쳐 있으나 특히 20~40대 젊은 층이 많다. 이들은 무엇보다 자신의 행복을 중요하게 여기고, 소비에도 자유로운 편이다. 1인 가구가 경제에 미치는 영향도 큰데, 1인 가구의 소비는 2010년 60조 원에서 2030년 194조 원으로 3배 이상 늘 전망이다. ▶ 일코노미의 뜻과 1인 가구가 경제에 미치는 영향

3 일코노미는 우리 경제 전반에 변화를 가져오고 있다. 대표적인 예로, 주택 시장에서는 도시를 중심으로 단지형 다세대 주택, 원룸형 주택, 기숙사형 주택과 같이 1인 가구를 위한 도시형 주택의 공급을 확대하고 있다. 또한 가전 시장에서는 1인 가구를 위한 작은 크기의 가전제품을 다양하게 선보이고 있다. 식품 시장에서도 간편식 매출이 급격히 늘었고 혼자 밥을 먹는 사람들을 위한 소포장·개별 포장 식품을 내놓고 있다. 1인 가구가 이용하기 좋은 편의점, 셀프 빨래방, 공유 경제 서비스 등이 늘고 있고, 1인 가구를 겨냥한 배달, 여행, 취미, 여가, 반려동물과 관련된 사업도 증가하고 있다. ▶ 일코노미가 우리 경제에 가져온 변화

4 일코노미와 관련하여 생겨난 신조어도 있다. 기존에 있던 말인 '가성비'는 '가격 대비 성능의 비율'을 줄인 말로, 싼 가격에 비해 성능이나 효율이 좋은 물건을 사는 소비 태도와 관련이 있다. 이 말에서 '가격 대비 심리적 만족의 비율'을 뜻하는 '가심비'라는 말이 새로 생겨났다. 이는 다소 비싸거나 성능이 떨어지더라도 심리적으로 만족감을 주는 물건을 사는 소비 태도와 관련이 있다. '포미족(FORME族)'이라는 말도 있다. 여기서 '포미'는 건강(For health), 싱글(One), 여가(Recreation), 편의(More convenient), 고가(Expensive)의 앞 글자를 따온 말이다. 포미족은 자신이 가치 있다고 생각하거나 자신에게 만족을 주는 제품이라면 다소 비싸더라도 과감히 사는 사람이나 무리를 가리킨다. ▶ 일코노미로 생겨난 신조어

5 1인 가구는 앞으로도 꾸준히 늘어날 것이며 이에 따라 우리 사회에 미치는 영향력도 더욱 커질 것이다. 2045년에는 1인 가구가 810만 가구로 늘어 전체 가구의 36.3%를 차지할 것으로 예상된다. 이중 절반 이상이 50~70대가 될 것이며, 1인 가구의 고령화가 가속화되어 지금과는 다른 양상을 보일 것이다. 우리는 이러한 변화에 발맞추려는 노력을 해야 한다. 단순히 1인 가구가 많아진다고 이를 겨냥한 제품이나 서비스 개발에만 매달려서는 안 된다. 한 발짝 더 나아가 1인 가구의 증가가 가져올 다양한 사회·문화적 변화에 관심을 기울이고 그에 알맞은 다양한 정책을 고민해야 한다. ▶ 1인 가구에 대한 전망과 앞으로의 과제

≫ 글 내용 한눈에 보기 ●●●

본문 57쪽

1 일코노미　**2** 경제　**3** 간편식　**4** 신조어　**5** 만족감

◀ 글을 이해해요 ▶

☑ 자기 평가

본문 58쪽

01 (내용 이해)

1 ○　　**2** ✕

○ ✕

02 (내용 추론)

⑤

○ ✕

03 (내용 이해)

⑤

○ ✕

04 (중심 내용 쓰기)

　1인 가구는 앞으로도 꾸준히 늘어날 것이며, 이에 따라 혼자서 경제생활을 꾸려 나가는 일코노미가 우리 사회에 미치는 영향력도 더욱 커질 것이다.

○ ✕

01 **1** 2문단에서 '일코노미'는 혼자서 경제생활을 꾸려 나가는 일을 일컫는다고 했어요.
2 4문단에서 '가격 대비 심리적 만족의 비율'을 뜻하는 '가심비'라는 말은 다소 비싸거나 성능이 떨어지더라도 심리적으로 만족감을 주는 물건을 사는 소비 태도와 관련이 있다고 했어요. 싼 가격에 비해 성능이나 효율이 좋은 물건을 사는 소비 태도와 관련이 있는 말은 '가성비'예요.

02 1문단에서 1인 가구가 늘고 있는 이유를 설명하고 있어요. 결혼을 안 하거나 늦게 하는 풍토의 확산, 학교나 직장 때문에 가족과 따로 사는 사람들의 증가, 고령화 현상 등이 맞물려 1인 가구가 점차 늘고 있어요.

（오답 풀이）
①, ③ 1문단에서 1인 가구가 늘고 있는 원인으로 결혼을 안 하거나 늦게 하는 풍토의 확산을 제시하고 있어요.
② 1문단에서 1인 가구가 늘고 있는 원인으로 고령화 현상을 제시하고 있어요.
④ 1문단에서 1인 가구가 늘고 있는 원인으로 학교나 직장 때문에 가족과 따로 사는 사람들의 증가를 제시하고 있어요.

03 3문단에서 일코노미가 우리 경제에 가져온 변화를 설명하고 있어요. 가전 시장에서는 1인 가구를 위한 작은 크기의 가전제품을 다양하게 선보이고 있다고 했어요.

04 이 글은 일코노미에 대해 설명하고 있어요. 1인 가구는 앞으로도 꾸준히 늘어날 것이며 이에 따라 일코노미가 우리 사회에 미치는 영향력도 더욱 커질 거예요. 따라서 우리는 이러한 변화에 발맞추려는 노력을 해야 해요.

◀ 어휘를 익혀요 ▶

본문 59쪽

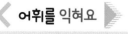 **01** **1** ㄷ　**2** ㄱ　**3** ㄴ　　**02** **1** 가속화　**2** 맞물　**3** 고령화　　**03** **1** 양상　**2** 전반　**3** 전망

14 구름은 일기 예보관

> **코칭Tip** 이 글은 구름에 대해 설명하는 글입니다. 구름이 생기는 조건 및 모양과 높이에 따른 구름의 종류를 이해하고, 구름이 예로부터 날씨를 예측하는 도구로 쓰였음을 파악하며 글을 읽을 수 있도록 합니다.

❶ 소설 「삼국지」에는 제갈공명이 남동풍이 불도록 제사를 지내 전투에서 승리하는 장면이 나온다. 적군의 배에 불을
_{소설 속 자연 현상을 제시하여 독자의 호기심을 불러일으킴}
붙였는데 적진을 향해 남동풍이 강하게 불어 적진이 불바다가 된다. 정말 제갈공명의 제사 때문에 남동풍이 불었을까?
▶ 남동풍이 불도록 하여 전투에서 승리한 제갈공명

❷ 구름은 아주 작은 물방울이나 얼음 알갱이가 모여 공중에 떠 있는 것이다. 하늘로 올라갈수록 온도는 낮아지는데,
_{중심 소재 / 구름의 뜻}
공기 중의 수증기가 위로 올라가다가 찬 공기를 만나면 엉기어 뭉쳐서 물방울이 된다. 이 물방울이 다시 수증기로 변했
_{구름이 생기는 원리}
다가 또 다시 물방울이 되었다가를 반복하기 때문에 구름의 모양이 계속 변하는 것이다. 이처럼 구름은 공기가 차가운
하늘 위쪽에서 만들어지기 때문에 공기의 상승 운동이 활발한 곳에서 잘 생긴다. 공기가 산의 경사면을 따라 상승하는
_{구름이 잘 생기는 조건 / 공기의 상승 운동이 활발한 경우 ①}
경우나 지표면이 가열되어 데워진 공기가 하늘로 올라가는 경우에 생기며, 찬 공기와 더운 공기가 만났을 때 더운 공기
_{공기의 상승 운동이 활발한 경우 ② / 공기의 상승 운동이 활발한 경우 ③}
가 찬 공기보다 가벼워 위로 밀려 올라가면서도 생긴다.
▶ 구름의 뜻과 구름이 잘 생기는 조건

❸ 구름은 모양과 높이에 따라 10여 가지로 나뉜다. 구름의 모양이 위아래로 발달한 경우는 적운형 구름, 구름의 모
_{구름의 종류를 나누는 기준 / 모양에 따른 구름의 종류}
양이 옆으로 발달한 경우는 층운형 구름이라고 한다. 『높이에 따라서는 6km 이상의 높이에서 만들어지면 상층운, 2km
_{『 』: 만들어진 높이에 따른 구름의 종류}
이상 6km 미만의 높이에서 만들어지면 중층운, 지상 2km 이내에서 만들어지면 하층운이라고 한다. 상층부와 하층부
에 걸쳐서 생기는 수직운도 있다.』이를 좀 더 자세히 나누어 보면 다음과 같다.

상층운	• 권층운: 온 하늘을 뒤덮은 엷고 흰 면사포 모양으로, 햇무리와 달무리를 동반하며 비가 올 징조임 • 권적운: 희고 작은 구름 덩이가 촘촘히 흩어져 있는 양털 모양으로, 비가 올 징조임 • 권운: 하얀 섬유 같은 줄무늬 모양으로, 맑은 날씨에 나타나지만 비가 올 징조임
중층운	• 고층운: 잿빛이나 푸른색을 띤 층 모양으로, 약한 비나 눈이 올 징조임 • 고적운: 크고 둥글둥글하여 양 떼가 줄지은 모양으로, 비가 올 징조임
하층운	• 층적운: 두꺼운 덩어리가 층을 이룬 모양으로, 눈 또는 비를 동반함 • 난층운: 검은 회색의 두꺼운 모양으로, 눈 또는 비를 동반함 • 층운: 땅과 가까운 층 모양으로, 안개나 안개비를 동반함
수직운	• 적란운: 위가 산처럼 솟은 모양으로, 우박이나 소나기, 천둥, 번개를 동반함 • 적운: 밑은 평평하고 꼭대기는 솜처럼 뭉실뭉실한 모양으로, 맑은 날씨임

▶ 모양과 높이에 따라 나누는 구름의 종류

❹ "달무리가 나타나면 비가 온다."라는 말이 전해진다. '달무리'는 달 주변에 생기는 둥그런 테를 말하는데 주로 권층
_{예로부터 구름을 보고 날씨를 예측했음을 보여 주는 말 ①}
운이 하늘을 덮을 때 나타나는 현상이다. 실제로 달무리 후에 비가 올 확률은 60~70% 정도로 정확도가 높은 편이다.
"양떼구름(고적운)이 하늘에 걸리면 비가 온다.", "줄무늬가 있는 높은 구름(권운)이 보이면 날씨가 좋다." 등의 말도 있
_{예로부터 구름을 보고 날씨를 예측했음을 보여 주는 말 ② / 예로부터 구름을 보고 날씨를 예측했음을 보여 주는 말 ③}
어 예로부터 구름이 날씨를 예측하는 도구로 쓰였음을 알 수 있다.
▶ 예로부터 날씨를 예측하는 도구로 쓰인 구름

❺ 앞서 제갈공명이 승리로 이끌었다는 전투의 배경은 중국 양쯔강 근처이다. 이곳은 음력 11월 하순 무렵이면 북쪽
_{소설 속 자연 현상의 과학적 원리를 설명함}
에서 내려온 시베리아 고기압의 힘이 약해진다. 이때 남쪽을 지나는 이동성 고기압이 잠깐 힘을 얻으면 남동풍이 불 가
능성이 높다. 어쩌면 제갈공명은 구름의 모양을 유심히 살펴보고 자연의 변화를 관찰하여 남동풍이 불 것을 예측하였
던 것이 아닐까?
▶ 구름을 보고 날씨를 예측한 제갈공명

❯❯ 글 내용 한눈에 보기 •••

본문 61쪽

1 모양　**2** 옆　**3** 높이　**4** 중층운　**5** 수직운

❮ 글을 이해해요 ❯

✔ 자기 평가

본문 62쪽

01 (내용 이해)
　1 ✕　　**2** ◯　　◯ ✕

02 (내용 이해)
　③　　◯ ✕

03 (내용 추론)
　③　　◯ ✕

04 (중심 내용 쓰기)
　구름은 모양과 높이에 따라 10여 가지로 나뉘며, 예로부터 날씨를 예측하는 도구로 쓰였다.　◯ ✕

01 **1** 이 글은 1문단에서 역사적 사실이 아니라, 소설 「삼국지」에서 제갈공명이 남동풍이 불도록 제사를 지내 전투에서 승리하는 장면을 제시하고 있어요.
2 2문단에서 구름은 하늘 위쪽에서 만들어지기 때문에 공기의 상승 운동이 활발한 곳에서 잘 생긴다고 했어요.

02 3문단에서 모양과 높이에 따라 나뉘는 구름의 종류를 설명하고 있어요. 구름의 모양이 위아래로 발달한 경우에는 적운형 구름이라고 해요. 수직운은 높이에 따라 구분할 때 상층부와 하층부에 걸쳐서 생기는 구름이에요.

03 구름은 물방울과 얼음 알갱이로 이루어져 있으므로 대부분의 구름으로부터 비가 내리게 돼요. 맑은 날씨가 나타나는 구름은 밑은 평평하고 꼭대기는 솜처럼 뭉실뭉실한 모양의 적운밖에 없어요.

(오답풀이)
① 중간 하늘에 잿빛이나 푸른색을 띠는 층 모양의 구름은 고층운으로, 약한 비나 눈이 올 징조예요.
② 높은 하늘에 떠 있는 하얀 섬유 같은 줄무늬 모양의 구름은 권운으로, 맑은 날씨에 나타나지만 비가 올 징조예요.
④ 중간 하늘에 크고 둥글둥글하여 양 떼가 줄지은 모양의 구름은 고적운으로, 비가 올 징조예요.
⑤ 높은 하늘에 희고 작은 구름 덩이가 촘촘히 흩어져 있는 양털 모양의 구름은 권적운으로, 비가 올 징조예요.

04 이 글은 구름에 대해 설명하고 있어요. 구름은 모양과 구름이 만들어진 높이에 따라 10여 가지로 나뉘어요. "달무리가 나타나면 비가 온다." 등의 말이 있는 것으로 보아 구름은 예로부터 날씨를 예측하는 도구로 쓰였음을 알 수 있어요.

❮ 어휘를 익혀요 ❯

본문 63쪽

01 **1** ㄴ　**2** ㄷ　**3** ㄱ　　**02** **1** 징조　**2** 가열　**3** 엉기　　**03** **1** 유심히　**2** 불바다　**3** 경사면

15 저작권 침해, 범죄일까

본문 64~65쪽

> **코칭 Tip** 이 글은 저작권에 대해 설명하는 글입니다. 저작권의 뜻과 저작권을 보호해야 하는 이유를 이해하고, 저작권을 침해하는 사례 및 저작권을 보호하는 방법을 파악하며 글을 읽을 수 있도록 합니다.

❶ '저작권'은 저작자나 그 권리를 이어받은 사람이 저작물에 대하여 행사할 수 있는 권리를 말한다. 여기에서 저작물이란 생각이나 감정을 독창적으로 표현하여 창작한 작품을 가리킨다. 인간의 지적·문화적 결과물을 포괄하므로 저작물에는 글은 물론 음악, 춤, 그림, 영화, 건축, 사진 등이 모두 포함된다. 이 권리는 법적으로 보호받을 수 있기에 저작권을 침해한 사람은 법을 위반한 것이므로 처벌을 받게 된다. 그렇다면 어떤 경우가 저작권을 침해하는 경우인지 다음 사례를 통해 살펴보자.
▶ 저작권의 뜻과 저작물에 포함되는 것들

❷ 첫째, 다른 사람의 저작물을 자신의 것처럼 사용하는 경우이다. 인터넷에서 다른 사람의 창작물을 그대로 가져와서 마치 자신이 창작한 것처럼 개인 에스엔에스(SNS)에 올리는 일이나, 인터넷에서 찾은 자료를 짜깁기해서 자기가 쓴 보고서처럼 꾸미는 일은 모두 저작권을 침해하는 행동이다. 다른 사람이 만든 저작물의 일부 또는 전체를 몰래 가져다 쓰는 것은 표절이므로 절대 해서는 안 된다. 사용하고자 하는 자료가 있다면 저작권자에게 허락을 받은 후에 그 출처와 저작권자를 반드시 표기하여 사용해야 한다.
▶ 저작권 침해 사례 ①: 다른 사람의 저작물을 자신의 것처럼 사용하는 경우

❸ 둘째, 자신이 구매한 저작물을 저작권자의 허락 없이 널리 퍼뜨리는 경우이다. 돈을 주고 산 노래 파일을 친구에게 메일로 전송하거나, 문제집이나 참고서 등을 스캔하여 인터넷에 올리는 것은 저작권을 침해하는 행동이다. 정당하게 노래 파일을 샀더라도 그것은 노래를 들을 수 있다는 의미이지 다른 사람에게 공유해도 된다는 의미가 아니다. 또한 좋은 의도로 한 일이더라도 스캔한 학습 자료를 무단으로 퍼뜨리는 것은 저작권을 침해한 행동이다.
▶ 저작권 침해 사례 ②: 자신이 구매한 저작물을 저작권자의 허락 없이 퍼뜨리는 경우

❹ 셋째, 다른 사람이 조사하거나 연구한 결과를 왜곡하거나 과장하여 사용하는 경우이다. 왜곡은 사실과 다르게 해석하거나 그릇되게 해석하는 것을 말하고, 과장은 사실을 지나치게 부풀려서 말하는 것을 뜻한다. 왜곡과 과장은 모두 사실이 아닌 거짓이라는 점에서 문제가 된다. 결과를 왜곡하거나 과장해서 자료를 사용하면 자신이 쓴 결과물도 거짓이 되고, 저작권자도 그로 인해 피해를 입을 수 있다.
▶ 저작권 침해 사례 ③: 다른 사람의 조사 및 연구 결과를 왜곡하거나 과장하는 경우

❺ 최근에는 저작권 보호 운동이 활발하게 이루어지고 있다. 저작물에 대한 저작권자의 정당한 권리를 인정해야 한다는 인식이 높아졌기 때문이다. 모든 저작물은 원칙적으로 정품을 구매해서 사용해야 한다. 그리고 자신이 구매한 것일지라도 여러 사람에게 퍼뜨리고 싶을 때에는 반드시 저작권자의 허락을 받아야 한다. 저작권을 보호하는 것은 재산을 보호하는 것과 같다. 다른 사람의 재산을 훔치는 것이 범죄이듯이, 저작물을 훔치는 것 역시 범죄이다. 다른 사람이 가진 재산을 그 사람이 노력하여 모은 것으로 인정하듯이, 저작권 역시 저작자가 노력하여 창작한 것에 대한 정당한 권리로 인정해야 한다.
▶ 저작권을 보호하는 방법과 보호해야 하는 이유

글 내용 한눈에 보기 •••

본문 65쪽

1 권리 **2** 허락 **3** 왜곡 **4** 정품

글을 이해해요

☑ 자기 평가

본문 66쪽

01 (내용 이해)

1 ◯   **2** ✕

〇 ✕

02 (내용 비판)

①

〇 ✕

03 (내용 추론)

③

〇 ✕

04 (중심 내용 쓰기)

저작권을 <u>침해하는 행위</u>는 범죄이므로, 저작권을 저작물에 대한 저작자의 정당한 권리로 <u>인정하고</u> 보호해야 한다.

〇 ✕

01 **1** 1문단에서 저작물이란 생각이나 감정을 독창적으로 표현하여 창작한 작품을 가리키며, 글은 물론 음악, 춤, 그림, 영화, 건축, 사진 등이 모두 저작물에 포함된다고 했어요.

2 5문단에서 저작권을 보호하는 것은 재산을 보호하는 것과 같으며, 다른 사람의 재산을 훔치는 것이 범죄이듯이, 저작물을 훔치는 것 역시 범죄라고 했어요.

02 직접 돈을 주고 산 영화를 가족과 함께 보는 것은 다른 사람의 저작권을 침해한 행동으로 보기 어려워요.

(오답 풀이)

② 자신이 구매한 저작물을 저작권자의 허락 없이 널리 퍼뜨리는 것은 저작권 침해에 해당해요.

③ 다른 사람이 만든 저작물의 일부 또는 전체를 몰래 가져다 쓰는 것은 표절이므로, 저작권 침해에 해당해요.

④ 다른 사람의 저작물을 자신의 것처럼 사용하는 것은 저작권 침해에 해당해요.

⑤ 다른 사람이 조사하거나 연구한 결과를 왜곡하거나 과장하여 사용하는 것은 저작권 침해에 해당해요.

(이럴 땐 이렇게!) 2~4문단에 저작권 침해에 해당하는 여러 사례들이 제시되어 있어요. 각 선지의 내용이 그중 어디에 해당되는지 살펴보면 정답이 아닌 것을 하나씩 지워 나갈 수 있어요.

03 구매한 저작물을 다른 사람에게 퍼뜨리고 싶을 때에는 받을 사람이 아니라 저작권자의 허락을 받아야 해요.

04 이 글은 저작권에 대해 설명하고 있어요. 글쓴이는 저작권을 침해하는 행위가 다른 사람의 재산을 훔치는 것과 같은 범죄임을 밝히고, 저작권을 저작자의 정당한 권리로 인정하고 보호해야 한다고 강조하고 있어요.

어휘를 익혀요

본문 67쪽

01 **1** ㄷ **2** ㄱ **3** ㄴ   **02** **1** 의도 **2** 포괄 **3** 저작자   **03** **1** 침해 **2** 행사 **3** 공유

16 노극청과 현덕수 이야기

코칭Tip 이 글은 노극청과 현덕수라는 인물의 올곧은 성품이 잘 드러나는 이야기입니다. 노극청과 현덕수의 말과 행동에서 엿볼 수 있는 삶의 태도를 파악하며 글을 읽을 수 있도록 합니다.

1 고려 명종 때, 노극청이라는 선비가 살았다. 그는 몹시 가난했는데, 갈수록 살길이 막막해지자 입에 풀칠이라도
〈시간적 배경〉 〈중심인물〉   〈살림이 어려워진 노극청의 처지〉
하기 위해 집을 팔려고 내놓았다. 그러나 하루 또 하루 시간이 흘러가도 좀처럼 집을 사겠다는 사람은 나타나지 않았다.
                                                                              ▶ 살림이 어려워져 집을 팔려고 내놓은 노극청

2 그러던 어느 날, 노극청이 볼일이 있어 집을 비운 사이에 현덕수라는 인물이 찾아와 집을 사겠다고 나섰다. 노극청
                                                        〈중심인물〉
의 아내는 이때를 놓치지 않고 은 열두 근을 받고 현덕수에게 집을 팔았다. 저녁 무렵이 되어 노극청이 돌아오자, 아내

는 현덕수에게 집을 판 이야기를 자랑스럽게 말했다. 아주 후한 값에 집을 팔았기 때문이다. 그러나 이 말을 들은 노극
                          〈좋은 값에 집을 팔게 되어 뿌듯했기 때문에〉
청은 버럭 화를 내었다. 아내가 집값을 너무 비싸게 받았다고 생각했기 때문이다. 노극청은 아내를 꾸짖었다.

『참으로 부끄러운 일이오. 당신은 어찌 그리 비싼 값에 집을 팔았단 말이오. 내 옳지 못한 일을 하고 이대로 넘길 수
『 』: 노극청의 성품 ① - 옳지 않다고 생각하는 일은 하지 않는 양심적이고 올곧은 성격임
는 없으니, 그를 만나 돈을 돌려주고 오겠소.』
                                                                              ▶ 집을 비싸게 팔았다며 아내를 꾸짖는 노극청

3 이튿날, 날이 밝자마자 노극청은 은 세 근을 가지고 현덕수를 찾아갔다.
                     〈필요 이상으로 받았다고 생각하는 값(돈)〉
『내 집이 가난하여 호구할 길이 없어, 집을 팔아 은 아홉 근을 만들 작정이었는데, 집을 비운 사이 그만 아내가 은 열
『 』: 노극청의 성품 ② - 재물에 대한 욕심이 없으며 곧고 깨끗한 마음을 지님   〈노극청이 팔려고 생각했던 집의 가격〉
두 근에 집을 팔았소. 내가 이 집을 살 때 은 아홉 근밖에 주지 않았고, 몇 년을 살면서도 서까래 한 번 수리하지 못

했소. 그런데 은 세 근을 더 받고 어찌 집을 팔 수 있겠소. 이는 양심을 저버리는 일일 것이오. 그래서 내 은 세 근을

돌려주려고 이렇게 찾아왔소.』

노극청은 이렇게 말하며 가져온 은 세 근을 현덕수에게 내밀었다.   ▶ 현덕수를 찾아가 은 세 근을 돌려주는 노극청

4 노극청의 말을 들은 현덕수는 다음과 같이 말하였다.

『어찌 당신에게만 양심이 있고, 나에게는 없단 말이오. 나 또한 이미 제값을 주고 집을 산 이상, 이 돈을 돌려받을 수
『 』: 현덕수의 성품 ① - 노극청과 마찬가지로 곧고 깨끗한 마음을 지님
는 없소.』

현덕수는 돈을 돌려받으라는 제안을 거절했지만, 노극청 또한 물러서지 않았다.

"나는 지금껏 옳지 않은 일은 한 번도 한 적이 없는데, 어찌 집을 싸게 사서 비싸게 팔아 이익을 남기겠소. 만일 당신

이 끝내 은 세 근을 돌려받지 않겠다면, 나는 은을 모두 돌려주고 집을 무를 수밖에 없소."
           〈노극청의 성품 ③ - 심성이 곧고 단호함〉
노극청의 태도가 너무 단호하였기에, 결국 현덕수는 은 세 근을 돌려받을 수밖에 없었다.   ▶ 거절 끝에 은 세 근을 돌려받은 현덕수

5 그러나 현덕수 또한 매사에 청렴한 인물로 소문난 사람이었다.『그는 "내가 어찌 노극청만 못한 사람이 되기를 바
                                                        『 』: 현덕수의 성품 ② - 청렴하고 단호함
라겠는가."라고 하면서 자신이 돌려받은 은 세 근을 절에 시주하였다.』당시는 인심이 매우 사납던 시대였기에, 노극청

과 현덕수의 이야기를 들은 사람들은 하나같이 두 사람의 인품에 감동을 받았다.   ▶ 돌려받은 은 세 근을 절에 시주한 현덕수

❯❯ 글 내용 한눈에 보기 •••

본문 69쪽

1 집 **2** 열두 **3** 세 **4** 단호 **5** 시주

◀ 글을 이해해요 ▶

✔ 자기 평가

본문 70쪽

01 (내용 이해)

1 ◯   **2** ✕

◯ ✕

02 (내용 비판)

1 비싼   **2** 양심   **3** 재물

◯ ✕

03 (내용 추론)

⑤

◯ ✕

04 (중심 내용 쓰기)

　노극청은 은 열두 근의 비싼 값을 받고 집을 팔 수 없다며 <u>은 세 근</u>을 현덕수에게 돌려주었고, 현덕수는 돌려받은 돈을 절에 <u>시주하였다.</u>

◯ ✕

01 **1** 3문단에서 노극청은 집을 팔아 은 아홉 근을 만들 작정이었다고 했는데, 이는 노극청이 집을 살 때 지불한 값이에요.
2 4문단에서 현덕수가 자신이 이미 제값을 주고 집을 샀다고 말하는 것으로 보아, 현덕수는 집의 가격으로 은 열두 근이 적당하다고 판단했음을 알 수 있어요.

02 이 글에서 노극청은 자신이 생각한 것보다 '비싼' 값에 집을 팔았다고 생각하여 현덕수에게 은 세 근을 돌려주었고, 집을 산 현덕수는 자신에게도 '양심'이 있다며 거절한 끝에 돌려받은 은 세 근을 자신이 갖지 않고 절에 시주했어요. 이런 모습들로 볼 때, 노극청과 현덕수 두 사람은 모두 성품이 올바르고 '재물'을 탐하지 않는 인물임을 알 수 있어요.

03 5문단에서 당시는 인심이 매우 사납던 시대였기 때문에 사람들이 노극청과 현덕수의 인품에 감동을 받았다고 했어요. 따라서 ⑤는 적절하지 않아요.

(오답 풀이)
① 집을 사고팔면서 은을 주고받은 것으로 보아, 은이 화폐의 기능을 하였음을 알 수 있어요.
② '은 열두 근', '은 아홉 근', '은 세 근' 등을 통해 은의 무게를 재는 단위로 '근'이 사용되었음을 알 수 있어요.
③ 사람들이 노극청과 현덕수의 이야기를 듣고 두 사람의 인품에 감동을 받았다고 한 것으로 보아, 두 사람과 같이 올곧은 성품을 가진 인물을 높이 평가하였음을 알 수 있어요.
④ 노극청이 집을 비운 사이 아내가 현덕수에게 집을 판 것으로 보아, 여자들도 집을 사고파는 등의 중대한 일에 참여할 수 있었음을 알 수 있어요.

04 이 글에서 노극청은 집을 너무 비싸게 팔았다며 은 세 근을 현덕수에게 돌려주었고, 현덕수는 어쩔 수 없이 돌려받은 은 세 근을 절에 시주했어요.

◀ 어휘를 익혀요 ▶

본문 71쪽

01 **1** ㄴ   **2** ㄱ   **3** ㄷ   **02** **1** 막막   **2** 호구   **3** 후   **03** **1** 청렴   **2** 시주

17 1인 미디어 전성시대

코칭 Tip 이 글은 1인 미디어에 대해 설명하는 글입니다. 1인 미디어의 특징과 한계를 이해하고, 이를 바탕으로 1인 미디어의 바람직한 발전을 위해 어떤 노력이 필요할지 파악하며 글을 읽을 수 있도록 합니다.

1 최근 초등학생의 장래 희망 1, 2위가 개인 방송을 하는 '유튜버'일 정도로 1인 미디어의 인기가 날로 높아지고 있다. _{1인 미디어의 인기가 높아지고 있음을 보여 주는 현상} 미디어는 대중에게 대량으로 정보를 전달하는 매체를 일컫는데, 그동안에는 주로 신문, 라디오, 텔레비전 등이 이 _{전통적 미디어} 역할을 하였다. 오늘날에는 이러한 전통적 미디어가 축소되고 그 자리를 1인 미디어가 채워 가고 있다. _{미디어 환경의 변화} **1인 미디어란** 개인이 사진, 글, 영상 등의 콘텐츠를 직접 기획하고 만들어 대중에게 내보내는 서비스를 말한다. _{1인 미디어의 뜻} 인터넷상에서 누구나 _{중심 소재} 정보를 생산하고, 개인의 의견을 자유롭게 표출할 수 있게 된 것이다. ▶ 미디어 환경의 변화와 1인 미디어의 뜻

2 1인 미디어는 인터넷이 대중화되고 스마트폰과 같은 디지털 기기가 발전하면서 등장하였다. _{1인 미디어의 등장 배경}『1인 미디어의 시작은 _{『 』: 1인 미디어의 발전 과정} 블로그라고 할 수 있는데, 주로 개인적인 기록을 남기던 초기와 달리 최근에는 칼럼이나 리뷰 등과 같이 좀 더 전문적 _{□ : 1인 미디어의 종류} 이고 공식적인 정보를 담은 블로그가 많아지고 있다. 이후 오디오 파일이나 비디오 파일 형태로 다양한 콘텐츠를 인터 넷을 통해 제공하는 팟캐스트가 등장하였다. _{팟캐스트의 특징} 그다음으로 나온 것이 동영상을 기반으로 한 1인 방송이다. 스마트폰만 있 으면 누구나 쉽게 영상을 촬영할 수 있고 촬영한 영상을 편집하여 인터넷에 바로 올릴 수 있기 때문에, 1인 방송은 앞으 _{1인 방송의 특징} 로 계속 성장할 것으로 예상된다.』 ▶ 1인 미디어의 등장 배경과 발전 과정

3 1인 미디어의 대표적인 특징을 살펴보면 다음과 같다. 먼저 쌍방향 소통이 가능하다. _{1인 미디어의 특징 ①} 전통적 미디어는 창작자가 시청자에게 콘텐츠를 일방적으로 전달했다면, 1인 미디어는 창작자와 시청자가 댓글이나 실시간 대화 등을 통해 바로 _{쌍방향 소통 방법} 소통할 수 있다. 또한 1인 미디어는 콘텐츠의 소재가 무척 다양하다. _{1인 미디어의 특징 ②} 개인이 직접 콘텐츠를 만들기 때문에 다른 어떤 매 체보다도 소재가 다양하고 개성이 뚜렷하다. 음식, 게임, 영화, 뷰티, 스포츠 등 다양한 장르의 콘텐츠가 생산되다 보 니, 시청자가 골라 볼 수 있는 선택의 폭 역시 넓어졌다. _{소재가 다양한 콘텐츠의 장점} ▶ 1인 미디어의 특징

4 반면, 1인 미디어의 한계도 분명히 존재한다. 확인되지 않은 정보나 저작권을 침해한 콘텐츠가 유통되기 쉽다는 _{1인 미디어의 한계 ①} 것이다. 전통적 미디어는 심의 제도가 있어서 이를 거쳐 콘텐츠를 내보냈지만, 1인 미디어는 개인 방송이다 보니 사전 점검이 부족한 경우가 많다. 이는 1인 미디어의 허위 사실 유포, 무분별한 저작권 침해 등의 문제가 끊이지 않고 있다는 점을 통해 확인할 수 있다. 게다가 대다수의 1인 미디어는 짧은 시간에 간편하게 즐길 수 있는 내용을 다루고 있고, 제 작 기간도 짧아서 완성도 높은 콘텐츠를 기대하기 어렵다. _{1인 미디어의 한계 ②} 또한 조회 수를 늘리기 위해 지나치게 자극적으로 만든 질 낮은 콘텐츠도 많아서 문제가 되고 있다. ▶ 1인 미디어의 한계

5 지금까지 1인 미디어의 특징과 한계를 살펴보았다. 그렇다면 1인 미디어의 영향력이 점점 커지고 있는 오늘날, 1인 미디어의 바람직한 발전을 위해 어떤 노력이 필요할까? 먼저 1인 미디어 창작자는 오락적이고 상업적인 콘텐츠만 개발 _{1인 미디어의 발전 방안 ①: 창작자 측면} 할 것이 아니라, 시청자에게 유익한 정보를 담은 콘텐츠를 생산해야 할 것이다. 시청자 역시 너무 자극적이거나 자신에 _{1인 미디어의 발전 방안 ②: 시청자 측면} 게 좋지 않은 영향을 주는 콘텐츠는 걸러 낼 수 있어야 한다. 또한 1인 미디어 산업과 관련한 업체에서는 창작자가 좋은 _{1인 미디어의 발전 방안 ③: 관련 업체 측면} 품질의 콘텐츠를 개발할 수 있도록 지원해야 하고, 정부에서도 관련 법을 정비하고 1인 미디어가 제대로 법을 지키고 있는지 지켜보아야 한다. _{1인 미디어의 발전 방안 ④: 정부 측면} 이처럼 모두가 함께 노력할 때 1인 미디어가 건강하게 뿌리를 내릴 수 있을 것이다. ▶ 1인 미디어의 발전 방안

≫ 글 내용 한눈에 보기 •••

본문 73쪽

1 개인　**2** 인터넷　**3** 쌍방향　**4** 저작권

◀ 글을 이해해요 ▶

☑ 자기 평가

본문 74쪽

01 (내용 이해)
1 ✕　　**2** ◯

○ ✕

02 (내용 추론)
④

○ ✕

03 (내용 비판)
⑤

○ ✕

04 (중심 내용 쓰기)
　1인 미디어는 <u>쌍방향 소통</u>이 가능하고 콘텐츠의 소재가 무척 다양하다는 특징이 있으나, <u>확인되지 않은 정보</u>나 저작권을 침해한 콘텐츠가 유통되기 쉽고 완성도 높은 콘텐츠를 기대하기 어렵다는 한계를 지닌다.

○ ✕

01 **1** 2문단에서 1인 미디어의 대표적인 예로 블로그, 팟캐스트, 1인 방송을 제시하고 있어요.
2 2문단에서 1인 미디어는 인터넷이 대중화되고 스마트폰과 같은 디지털 기기가 발전하면서 등장하였다고 했어요.

02 1문단에서 1인 미디어를 통해 인터넷상에서 누구나 정보를 생산할 수 있다고 했어요. 그리고 3문단에서 1인 미디어는 개인이 직접 콘텐츠를 만들기 때문에 소재가 다양하고 개성이 뚜렷하다고 했어요. 이를 통해 볼 때 1인 미디어는 창작자의 나이나 직업에 상관없이 자유롭게 콘텐츠를 제작할 수 있어요.

03 1인 미디어의 시청자는 너무 자극적이거나 자신에게 좋지 않은 영향을 주는 콘텐츠는 걸러 낼 수 있어야 하므로 콘텐츠의 내용이 사실인지, 자신에게 유익한지 등을 따져 가며 이용해야 해요.

(오답풀이)
① 1인 미디어 산업과 관련한 업체는 창작자가 좋은 품질의 콘텐츠를 개발할 수 있도록 지원해야 해요.
② 1인 미디어 창작자는 오락적 콘텐츠만 개발할 것이 아니라 시청자에게 유익한 정보를 담은 콘텐츠를 생산해야 해요.
③ 정부는 관련 법을 정비하고 1인 미디어가 제대로 법을 지키고 있는지 지켜보아야 해요.
④ 1인 미디어 창작자는 콘텐츠를 만들 때 저작권을 침해해서는 안 돼요.

04 이 글은 1인 미디어의 특징과 한계를 설명하고 있어요. 1인 미디어는 쌍방향 소통이 가능하고, 콘텐츠 소재가 무척 다양하다는 특징이 있어요. 반면에 1인 미디어는 확인되지 않은 정보나 저작권을 침해한 콘텐츠가 유통되기 쉽고, 완성도 높은 콘텐츠를 기대하기 어렵다는 한계도 분명히 있어요.

◀ 어휘를 익혀요 ▶

본문 75쪽

01 **1** ㄱ　**2** ㄷ　**3** ㄴ　　**02** **1** 전통적　**2** 대중화　**3** 쌍방향　　**03** **1** 표출　**2** 기반

18 1대 29대 300의 법칙

코칭 Tip 이 글은 '1 : 29 : 300의 법칙'으로도 불리는 하인리히 법칙에 대해 설명하는 글입니다. 대형 사고는 어떻게 일어나는지 이해하고, 이를 바탕으로 사고를 방지하기 위한 방법을 파악하며 글을 읽을 수 있도록 합니다.

1 건물이 무너지거나 공장에 불이 나거나 하는 대형 사고에 대한 기사를 본 적이 있을 것이다. 대형 사고가 일어나면
수많은 사람이 다치거나 목숨을 잃고, 물질적인 피해도 크게 입는다. 우리나라뿐만 아니라 전 세계 곳곳에서 이런 대형
　　　　　　대형 사고의 결과
사고가 일어나고 있다. 그렇다면 대형 사고는 아무런 예고 없이 우연히 일어나는 것일까? 아니면 일정한 법칙에 따라
일어나는 것일까?　　　　　　　　　　　　　　　　　　　　　　　　　　　　　　▶ 전 세계 곳곳에서 일어나는 대형 사고

2 미국의 한 보험 회사에서 근무하던 하인리히는 일의 특성상 수많은 사고에 대한 통계 자료를 분석했는데, 이때 아
주 의미 있는 법칙을 발견했다. 평균적으로 한 건의 대형 사고가 일어나기 전에는 반드시 유사한 작은 사고가 29번 발
　　　　　　　　　　　　　　　　　　　　　　　　　　　　　하인리히 법칙의 내용
생하고, 그 전에 300번의 사소한 징후가 먼저 나타난다는 것이다. 대형 사고가 이와 같이 일정한 법칙에 따라 일어나는
현상을 가리켜 '하인리히 법칙' 또는 '1 : 29 : 300의 법칙'이라고 부른다. 이 법칙은 대부분의 대형 사고는 예고된 것이
　　　　　　　　중심 소재　　　　　　　　　　　　　　　　　　　　하인리히 법칙의 의의
며, 실제로 사고가 발생하지 않았다고 해서 이를 무시하면 더 큰 사고로 이어진다는 것을 보여 준다.
　　　　　　　　　　　　　　　　　　　　　　　　　　　　　　　▶ 1 : 29 : 300의 법칙이라고도 불리는 하인리히 법칙

3 우리는 하인리히 법칙에서 크게 두 가지 사실을 알 수 있다. 첫째, 사소한 징후들을 무시하고 대처를 미루면 결국
　　　　　　　　　　　　　　　　　　　　　　　　　　　　하인리히 법칙에서 알 수 있는 사실 ①
에는 대형 사고로 이어진다는 것이다.『예를 들어 급격한 코너가 있는 도로에 이를 알리는 표지판이 없어 운전자들이 당
　　　　　　　　　　　　　　　　『 』: 예를 들어 독자의 이해를 도움　　　『 』: 속담을 인용하여 독자의 이해를 도움
황해하는 일이 반복되다 보면 큰 교통사고가 일어날 수 있다.』『우리 속담에 '호미로 막을 것을 가래로 막는다'라는 말이
　　　　　　　　　　　　　　　　　　　　　　　　적은 힘으로 충분히 처리할 수 있는 일에 쓸데없이 많은 힘을 들이는 경우를 비유적으로 이르는 말
있다. 커지기 전에 처리했으면 쉽게 해결되었을 일을 방치해 두었다가 나중에 큰 힘을 들인다는 말이다.』초기에 나타나
는 사소한 징후들을 눈여겨봐야 하는 이유가 여기에 있다.　　　　　　　▶ 무시하고 대처를 미루면 결국 대형 사고로 이어지는 사소한 징후들

4 둘째, 작은 사고는 꼬리에 꼬리를 물고 다른 사고로 계속 이어진다는 것이다. 하지만 대형 사고가 발생하기 전에
　　　　　　　하인리히 법칙에서 알 수 있는 사실 ②　　　　　　　　　　　　　　　　　대형 사고를 방지하는 방법
사고를 일으킬 만한 요인을 없애면 사고의 연결 고리를 끊을 수 있다. 하인리히는 사고를 일으킬 만한 요인을 '1단계:
유전적 요소와 사회적 환경', '2단계: 개인적인 결함', '3단계: 불안전한 행동이나 상태'와 같이 단계별로 구분했다. 그중
　　　　　　　　　　　하인리히가 구분한 사고 요인
에서도 3단계 요인에 주목했는데, 이 요인은 '설마 사고가 나겠어?'라고 생각하여 안전 지시를 무시하거나 기계의 결함
　　　　　　　　　　　　　　　　　　　　　　　　　　　3단계 요인의 구체적인 예
을 방치하는 행동을 말한다. 1단계와 2단계는 없애기 어렵지만 3단계는 비교적 없애기 쉽기 때문에, 이 요인을 없애서
다른 사고로 이어지는 사고의 연결 고리를 끊어야 한다고 본 것이다.　　▶ 대형 사고로 이어지는 사고 요인을 없애면 끊을 수 있는 사고의 연결 고리

5 하인리히 법칙은 각종 사고나 재해와 관련하여 발견한 법칙이지만, 개인의 삶에까지 광범위하게 적용된다. 우리는
　　　　　　　　　　　　　　　하인리히 법칙의 광범위한 적용
사소한 문제가 발생했을 때 자신의 실수를 알아차리지 못하는 경우도 있고, 알아차리더라도 작은 실수라며 무시하는
경우도 있다. 이러한 작은 실수들이 모이고 모이면 끝내 큰 실패를 낳을 수 있다. 사소한 문제가 발생했을 때 이를 자세
히 살피고 문제의 원인을 찾아 잘못된 점을 바로잡는 습관을 길러야 한다. 그렇게 한다면 사소한 문제가 큰 실패로 이
　　　　　　　　　　　　　하인리히 법칙을 개인의 삶에 적용하는 방법
어지는 것을 막을 수 있을 것이다.　　　　　　　　　　　　　　　　　　　　　　　▶ 개인의 삶에까지 적용되는 하인리히 법칙

❯❯ 글 내용 한눈에 보기 ●●●

본문 77쪽

1 대형 **2** 징후 **3** 무시 **4** 연결 고리 **5** 실패

◀ 글을 이해해요 ▶

☑ 자기 평가

본문 78쪽

01 (내용 이해)
1 ✕ **2** ◯
○ ✕

02 (내용 이해)
④
○ ✕

03 (내용 추론)
③
○ ✕

04 (중심 내용 쓰기)
　하인리히 법칙은 한 건의 <u>대형</u> 사고가 일어나기 전에는 반드시 유사한 <u>작은</u> 사고가 29번 발생하고, 그 전에 300번의 <u>사소한 징후</u>가 먼저 나타난다는 것이며, 대형 사고가 발생하기 전에 사고를 일으킬 만한 요인을 없애면 사고의 연결 고리를 끊을 수 있다.
○ ✕

01 **1** 하인리히는 사고를 일으킬 만한 요인을 세 단계로 구분했어요. 그중에서 1단계와 2단계는 없애기 어렵지만 3단계는 비교적 없애기 쉽기 때문에, 이 요인을 없애서 다른 사고로 이어지는 사고의 연결 고리를 끊어야 한다고 봤어요.
2 5문단에서 하인리히 법칙은 개인의 삶에도 적용할 수 있다고 했어요. 작은 실수들이 모이면 큰 실패를 낳을 수 있으므로, 사소한 문제가 발생했을 때 문제의 원인을 찾아 잘못된 점을 바로잡는 습관을 길러야 해요.

02 3문단에 하인리히 법칙을 적용할 수 있는 구체적인 사례가 제시되어 있을 뿐, 이 글에 하인리히 법칙이 적용되지 않는 사례는 제시되어 있지 않아요.

(오답 풀이)
①, ③ 2문단에서 대형 사고가 일어나는 일정한 법칙인 하인리히 법칙의 내용을 제시하고 있어요.
② 4문단에서 사고를 일으킬 만한 요인을 없애면 사고의 연결 고리를 끊을 수 있다며 대형 사고를 막을 수 있는 방법을 제시하고 있어요.
⑤ 3문단에서 사소한 징후를 무시하고 대처를 미루면 결국에는 대형 사고로 이어진다며 사소한 징후를 무시하면 안 되는 이유를 제시하고 있어요.

03 300번의 사소한 징후에는 29번의 작은 사고와 연결될 수 있는 내용이 들어가야 해요. 건물에서 사람들이 일하는 것은 지극히 정상적인 경우로, 문제나 사고라고 볼 수 없어요.

04 이 글은 하인리히 법칙(1 : 29 : 300의 법칙)을 바탕으로 사고를 방지하기 위한 방법을 제시하고 있어요. 한 건의 대형 사고가 일어나기 전에는 반드시 유사한 작은 사고가 29번 발생하고, 그 전에 300번의 사소한 징후가 먼저 나타나므로, 대형 사고가 발생하기 전에 사고 요인을 없애면 사고의 연결 고리를 끊을 수 있어요.

◀ 어휘를 익혀요 ▶

본문 79쪽

01 **1** ㄱ **2** ㄷ **3** ㄴ **02** **1** 광범위 **2** 사소 **3** 눈여겨 **03** **1** 징후 **2** 방치 **3** 결함

19 임진왜란 때문에 바뀌었어

본문 80~81쪽

코칭Tip 이 글은 임진왜란 이후 조선에 나타난 다양한 변화에 대해 설명하는 글입니다. 임진왜란이 조선에 어떤 변화를 가져왔는지 구체적인 내용을 파악하며 글을 읽을 수 있도록 합니다.

1 임진왜란은 <u>1592년(임진년) 4월부터 1598년까지 7년 동안 우리나라를 두 번이나 침략한 일본과 치른 전쟁을 이른</u>다. 『왜군은 20여 일 만에 조선의 수도인 한양을 점령하였고, 결국 조선의 임금이었던 선조는 의주까지 피란을 가서 명나라에 도움을 요청하였다. 그러자 나라를 지키기 위해 전국에서 의병이 일어났고, 바다에서는 이순신 장군을 비롯한 수군이 왜군을 무찌르면서 전쟁은 조선의 승리로 끝났다.』하지만 이 전쟁을 치르면서 <u>온 나라는 폐허가 되었고, 많은 백성이 죽거나 일본으로 잡혀갔다.</u> 그렇다면 임진왜란이라는 끔찍한 전쟁을 겪으면서 조선에 어떤 변화가 나타났는지 살펴보자.
▶ 임진왜란의 과정과 결과

2 임진왜란 이전에는 주로 직파법(볍씨를 직접 논에 뿌리고 그 자리에서 벼를 기르는 방식)으로 벼농사를 지었다. 이앙법(볍씨의 싹을 틔워서 모를 논에 옮겨 심는 방식)으로 농사를 지으면 <u>노동력은 적게 들이면서 벼 수확량을 높일 수 있다는 것을 알았지만 나라에서는 이를 금지하였다.</u> <u>이앙법은 물을 아주 많이 필요로 해서 가뭄이 들면 농사를 망칠 수밖에 없었기 때문이다.</u> 하지만 임진왜란 이후 나라의 통제력이 약해지고 농사 기술도 발전하면서 이앙법이 널리 보급되었다. 이앙법을 통해 벼 수확량이 많아지자 차츰 <u>부유한 농민이 생겨났고, 농민들 사이에 빈부 격차가 생기기 시작하였다.</u>
▶ 임진왜란 이후 농사법의 변화

3 쌀을 비롯한 곡식의 생산량이 많아지자 사람들은 남는 곡식을 다른 필요한 물건과 교환하고 싶어 했다. 그러면서 <u>물건을 사고파는 시장이 활성화되었다.</u> 농사지을 땅이 없는 농민들이 도시로 모여든 것도 시장이 활성화된 원인 중에 하나였다. <u>장인의 활동도 활발해졌는데,</u> 이들은 주로 관청이나 궁중에서 사용하는 물건이나 생활에 꼭 필요한 물건들을 만들었다. 이렇게 상업과 수공업이 발달하면서 물건을 교환할 때 사용할 수 있는 화폐가 필요해졌다. 처음에는 주로 옷감이나 쌀이 화폐 대신 사용되었으나 운반과 보관이 어려워 점차 <u>금속으로 만든 화폐의 사용이 확대되었다.</u>
▶ 임진왜란 이후 상업과 수공업의 발달

4 조선은 <u>신분을 크게 양반, 중인, 상민, 천민의 네 계급으로 나누는 엄격한 신분제 사회였다.</u> 하지만 전쟁으로 세금이 부족해지자 나라에서는 국가의 재정을 채우기 위해서 '공명첩'과 '납속책'이라는 제도를 실시하였다. <u>공명첩은 관직을 받는 사람의 이름을 빈칸으로 둔 임명장이었다.</u> 곡물이나 돈을 바치면 그 사람의 이름을 빈칸에 적어 주는 것이다. 공명첩을 산 사람은 실제로 관직에 임명되는 것은 아니지만 자신의 신분을 높일 수 있었다. <u>납속책은 곡물이나 돈을 내면 신분을 올려 주는 제도였다.</u> 납속책으로 천민 신분에서 벗어나는 경우도 있었다. 결국 공명첩 발급과 납속책 실시는 <u>조선의 엄격한 신분제를 흔드는 원인이 되었다.</u>
▶ 임진왜란 이후 신분제의 변화

5 이 밖에 임진왜란을 전후하여 다양한 농작물이 조선으로 들어와 식생활에도 많은 변화를 가져왔다. 오늘날 우리가 흔히 먹는 <u>고추, 호박, 토마토 등이 이때 들어온 농작물이다.</u> 특히 고추의 등장은 우리나라 음식 문화를 완전히 바꾸어 놓았다. 『고추를 사용하기 이전에는 후추를 넣어 매운맛을 냈는데 후추는 값이 비싸 일반 백성이 사용하기 어려웠다. 값이 싼 고추가 들어오자 김치에 고춧가루를 넣기 시작하고, 고춧가루를 주재료로 한 고추장을 담그게 되었다. 고추의 소비가 늘자 농가에서는 고추를 널리 재배하기 시작하였다. 고추가 전파된 덕분에 배추에 고춧가루를 비롯한 각종 양념을 넣어 버무린 김치가 우리의 전통 음식으로 굳어져 현재까지 전해 오고 있다.』
▶ 임진왜란 이후 식생활의 변화

글 내용 한눈에 보기 •••

본문 81쪽

1 임진왜란 **2** 이앙법 **3** 시장 **4** 신분제 **5** 식생활

글을 이해해요

☑ 자기 평가

본문 82쪽

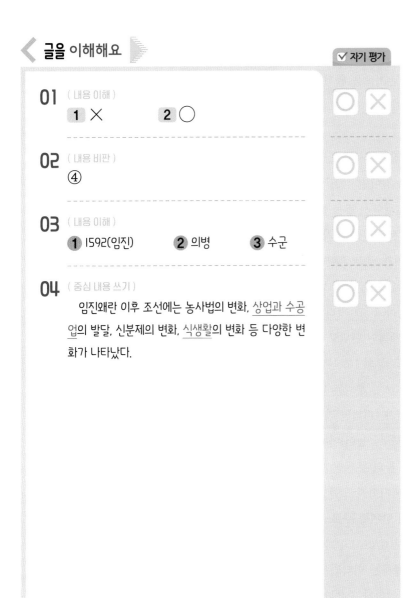

01 (내용 이해)
1 ✕   **2** ○   ○ ✕

02 (내용 비판)
④   ○ ✕

03 (내용 이해)
1 1592(임진)   **2** 의병   **3** 수군   ○ ✕

04 (중심 내용 쓰기)
임진왜란 이후 조선에는 농사법의 변화, 상업과 수공업의 발달, 신분제의 변화, 식생활의 변화 등 다양한 변화가 나타났다.   ○ ✕

01 **1** 5문단에서 임진왜란 전후 조선에 고추가 들어오면서 고추로 매운맛을 내게 되었다고 했어요. 하지만 이때 처음 매운맛이 나는 음식을 만든 것은 아니에요. 고추 사용 이전에는 후추로 매운맛을 냈다고 했어요.
2 4문단에서 임진왜란 이전의 조선은 신분을 크게 양반, 중인, 상민, 천민의 네 계급으로 나누는 엄격한 신분제 사회였다고 했어요. 그러나 임진왜란 이후 나라에서 국가의 재정을 채우기 위해 공명첩과 납속책이라는 제도를 실시하면서 신분제가 흔들렸다고 했어요.

02 2문단에서 임진왜란 이전에는 주로 직파법으로 벼농사를 짓다가 임진왜란 이후 이앙법이 널리 보급되었다고 했어요. 즉 직파법을 대신하여 이앙법이 확대되었을 뿐, 직파법과 이앙법을 대신하는 다른 농사 기술이 발달하게 된 것은 아니에요.

(오답풀이)
①, ③ 4문단에서 임진왜란 이후 세금이 부족해지자 나라에서는 국가 재정을 채우기 위해 공명첩과 납속책을 실시하였고, 이로 인해 엄격했던 신분제가 흔들렸다고 했어요.
②, ⑤ 3문단에서 곡식의 생산량이 많아지자 물건을 교환하거나 사고파는 시장이 활성화되었고, 상업과 수공이 발달하면서 금속으로 만든 화폐의 사용이 확대되었다고 했어요.

03 1문단에서 임진왜란이 일어나서 끝나기까지의 과정을 확인할 수 있어요. 임진왜란은 '1592(임진)'년에 시작되었어요. 왜군에 의해 나라가 위기에 처하자 전국에서 '의병'이 일어났고, 바다에서는 조선의 '수군'이 왜군을 무찌르면서 1598년 임진왜란은 조선의 승리로 끝났어요.

04 이 글은 임진왜란 이후 조선에 나타난 다양한 변화를 설명하고 있어요. 2문단에서 농사법의 변화를, 3문단에서 상업과 수공업의 발달을, 4문단에서 신분제의 변화를, 5문단에서 식생활의 변화를 각각 설명하고 있어요.

어휘를 익혀요

본문 83쪽

01 **1** ㄴ **2** ㄷ **3** ㄱ   **02** **1** 빈부 **2** 보급 **3** 엄격   **03** **1** 재정 **2** 장인 **3** 의병

20 미터법의 탄생

코칭 Tip 이 글은 미터법에 대해 설명하는 글입니다. 미터법 이전에 물건의 길이, 넓이, 부피, 무게를 재는 방법과 미터법이 탄생하게 된 배경을 이해하고, 미터법의 기본 단위를 파악하며 글을 읽을 수 있도록 합니다.

1 옛날, 뿔뿔이 흩어져 살던 사람들이 사회를 이루고 물건을 교환하기 시작하면서 물건의 가치를 아는 것이 중요해졌다. 물건의 길이, 넓이, 부피, 무게 등으로 물건의 가치가 정해지기에 사람들은 이를 재기 위해 사람의 신체 부위를 이용하기 시작했다. 예를 들어 엄지손가락과 다른 손가락을 완전히 펴서 벌렸을 때의 길이를 '뼘'이라고 부르고, 이를 활용하여 물건의 길이를 측정했다. 그런데 이렇게 기준을 정하고 나니 사람마다 신체 크기가 달라 재는 사람에 따라 결과가 달라졌기 때문에 혼란이 생길 수밖에 없었다.

2 나라별로도 사용하는 단위가 달랐다. 『고대 이집트에서는 팔꿈치에서 가운데 손가락 끝까지의 길이인 '큐빗'을 썼다. 영국에서는 발뒤꿈치에서부터 발가락 끝까지의 길이인 '피트', 엄지손가락의 폭인 '인치'를 사용했다. '야드'도 길이를 재는 단위인데 영국의 왕인 헨리 1세가 자신의 코끝에서 팔을 뻗어 엄지손가락까지의 길이를 '야드'로 했다는 이야기가 있다. 중국에서는 손을 폈을 때 엄지손가락 끝에서 가운데 손가락 끝까지의 길이인 '척(尺)'을 썼다.』

3 나라 간의 교류가 활발해지면서 나라별로 단위가 달라 혼란을 겪게 되자 사람들은 단위를 통일하려고 노력했다. 18세기 프랑스의 과학자들은 지구의 크기를 변하지 않는 것으로 보고, 새로운 단위의 기준으로 삼기로 했다. 그래서 남극과 북극을 지나 지구를 한 바퀴 도는 거리를 측정하고, 그 거리의 4,000만분의 1을 1미터라는 길이로 정해 미터법을 제정했다. 1875년에 17개국이 모여 이 미터법을 국제적인 단위로 사용하기로 약속한 이후로 미터법은 조금씩 보완되어 왔다. 현재는 '빛이 진공 상태에서 2억 9,979만 2,458분의 1초 동안에 이동한 거리'를 1미터로 정하고 있다.

4 미터법이란 길이는 미터(m), 넓이는 제곱미터(m^2), 부피는 리터(ℓ), 무게는 킬로그램(kg)을 기본으로 하는 국제적인 단위 체계이다. 1제곱미터(m^2)는 한 변의 길이가 1미터인 정사각형의 넓이(가로×세로)이다. 1리터(ℓ)는 한 변의 길이가 10센티미터(cm)인 정육면체의 부피(가로×세로×높이)이다. 1킬로그램(kg)은 4℃인 물 1리터의 무게와 거의 같다. 물은 4℃일 때 부피가 가장 작아지는데, 이때의 물의 무게를 기준으로 무게의 단위를 정한 것이다.

5 미터법은 국제단위로 인정받았지만 널리 사용되기까지 오랜 세월이 걸렸다. 영국, 미국과 같은 나라들은 미터법을 받아들이기는 했지만 아직도 인치, 피트, 야드 등의 단위를 주로 사용하고 있다. 이런 상황 때문에 대형 사고가 일어난 일도 있다. 『1999년에 단위에 대한 착각 때문에 나사(NASA)의 화성 탐사선이 폭발하는 사고가 발생했다. 탐사선을 만든 회사는 야드 단위를 사용했는데, 나사(NASA)에서는 미터법을 기준으로 생각하고 탐사선을 조종했다가 탐사선이 폭발한 것이다.』 이 사례를 보더라도 단위의 통일이 얼마나 중요한지 알 수 있다. 이처럼 단위의 표준을 정하는 일이 점점 중요해짐에 따라 미터법을 적용하는 나라가 늘어나고 있다.

글 내용 한눈에 보기 ●●●

본문 85쪽

1 나라 **2** 미터법 **3** 길이 **4** 통일

글을 이해해요

☑ 자기 평가

본문 86쪽

01 (내용 이해)
  1 ○   **2** ✕

○ ✕

02 (내용 이해)
  ④

○ ✕

03 (내용 추론)
  ③

○ ✕

04 (중심 내용 쓰기)
  미터법이란 길이는 미터(m), 넓이는 제곱미터(m²), 부피는 리터(ℓ), 무게는 킬로그램(kg)을 기본으로 하는 국제적인 단위 체계이다.

○ ✕

01 **1** 1문단에서 신체 부위를 이용한 단위의 경우, 사람마다 신체 크기가 달라 재는 사람에 따라 결과가 달라지기 때문에 혼란이 생겼다고 했어요.
2 5문단에서 미터법은 국제단위로 인정받았지만 널리 사용되기까지 오랜 세월이 걸렸으며, 영국과 미국과 같은 나라들은 미터법을 받아들이기는 했지만 아직도 인치, 피트, 야드 등의 단위를 주로 사용하고 있다고 했어요.

02 4문단에서 미터법의 기본 단위에 대해 설명하고 있어요. 미터는 길이의 단위이고, 제곱미터는 넓이의 단위예요.

03 2문단에서 신체 부위를 이용한 단위의 다양한 예를 제시하고 있어요. 그중 엄지손가락의 폭은 '인치'예요. 1문단에서 '뼘'은 엄지손가락과 다른 손가락을 완전히 펴서 벌렸을 때의 길이라고 했어요.

(오답풀이)
① 팔꿈치에서 가운데 손가락 끝까지의 길이는 '큐빗'이에요.
② 발뒤꿈치에서부터 발가락 끝까지의 길이는 '피트'예요.
④ 손을 폈을 때 엄지손가락 끝에서 가운데 손가락 끝까지의 길이는 '척(尺)'이에요.
⑤ 코끝에서 뻗은 팔의 엄지손가락까지의 길이는 '야드'예요.

04 이 글은 미터법에 대해 설명하고 있어요. 나라별로 다른 단위를 통일하기 위해 만들어진 미터법은 길이는 미터(m), 넓이는 제곱미터(m²), 부피는 리터(ℓ), 무게는 킬로그램(kg)을 기본으로 하는 국제적인 단위 체계예요.

어휘를 익혀요

본문 87쪽

01 **1** ㄱ **2** ㄷ **3** ㄴ   **02** **1** 제정 **2** 통일 **3** 탐사선   **03** **1** 교류 **2** 혼란

실력 확인

▲ 글의 문단별 내용을 정리하고 주제를 써 보아요.

01 나는 똥이야

본문 8~9쪽

1 문단 사람들의 건강을 가늠하는 역할을 하는 똥

2 문단 똥이 만들어지는 과정과 똥으로 건강을 가늠할 수 있는 이유

3 문단 대장 안의 세 균 에 따라 달라지는 똥의 냄새

4 문단 몸의 건강 상태에 따라 달라지는 똥의 색 깔

5 문단 몸의 건강 상태에 따라 달라지는 똥의 모 양

✐주제 건 강 을 가늠하는 똥의 역할

02 말하는 대로

본문 12~13쪽

1 문단 피 그 말 리 온 효과의 유래

2 문단 피그말리온 효과를 증명한 로젠탈과 제이콥슨의 실 험

3 문단 로젠탈과 제이콥슨의 실험의 결과

4 문단 피그말리온 효과와 반대되는 스 티 그 마 효과

5 문단 말하는 대로 이루어지는 말 의 영향력

✐주제 피그말리온 효과와 스티그마 효과를 통해 알 수 있는 말의 영 향 력

03 바람직한 대화의 방법

본문 16~17쪽

1 문단 바람직한 대 화 방법의 중요성

2 문단 바람직한 대화의 방법 ①: 예 측 되는 결과 말하기

3 문단 바람직한 대화의 방법 ②: '나 전달법' 사용하기

4 문단 바람직한 대화의 방법 ③: 결과보다 과 정 칭찬하기

5 문단 원만한 의사소통 및 관계 발전에 도움이 되는 바람직한 대화의 방법

✐주제 바 람 직 한 대화의 방법과 그 효과

4 달리기와 수영의 효과

본문 20~21쪽

1문단 유 산 소 운동의 대표적인 예인 달리기와 수영

2문단 폐와 심 장 을 튼튼하게 하고 질병을 예방하는 달리기와 수영

3문단 스 트 레 스 를 해소하고 두뇌를 개발하는 달리기와 수영

4문단 운동 특 성 에 따라 서로 다른 효과가 있는 달리기와 수영

5문단 건강한 생활을 하기 위한 달리기와 수영

주제 달리기와 수 영 이 우리 몸에 미치는 다양한 효과

5 까치밥 풍습에 담긴 의미

본문 24~25쪽

1문단 까 치 밥 의 뜻

2문단 까치밥 풍습의 유 래

3문단 까치밥 풍습에 담긴 공 동 체 정신

4문단 우리 사회에서 희 미 해지고 있는 공동체 정신

5문단 공동체 정신의 실천에 대한 당부

주제 까치밥 풍 습 의 유래와 그에 담긴 공동체 정신

6 우리 몸속 세균 이야기

본문 28~29쪽

1문단 세균의 특징

2문단 이를 썩게 하는 뮤 탄 스 균

3문단 나쁜 세균을 막아 주는 프 로 피 오 니 균

4문단 나쁜 세균에 대한 저항력을 높여 주는 포 도 상 구 균

5문단 음식물 찌꺼기를 분해하고 대장을 청소하는 대 장 균

6문단 세균이 몸속에 들어오는 것을 예방하는 방법

주제 우리 몸속 다양한 세 균 의 특징

47

실력 확인

07 도로명 주소의 비밀

본문 32~33쪽

1 문단 도로명 주소의 뜻과 발생 배경

2 문단 도로명 주소에서 도 로 명 을 부여하는 방법

3 문단 도로명 주소에서 건 물 번 호 를 부여하는 방법

4 문단 도로명 주소를 표 기 하는 방법

✎주제 도 로 명 주 소 의 도로명과 건물 번호 부여 방법 및 표기 방법

08 약속을 지킨 배추 장수

본문 36~37쪽

1 문단 배추 장수에게 배추를 사면서 배 달 을 부탁한 지수 엄마

2 문단 밤늦게까지 배달되지 않은 배 추

3 문단 다음 날 아침 배추를 배달한 배추 장수와 오 해 가 풀린 지수 엄마

✎주제 약 속 을 지키기 위해 노력한 배추 장수의 일화

09 바다의 뛰어난 잠수부, 향유고래

본문 40~41쪽

1 문단 거대한 몸집으로 뛰어난 잠 수 실력을 가진 향유고래

2 문단 향유고래의 잠수 비결 ①: 뇌 유 를 담고 있는 큰 머리

3 문단 향유고래의 잠수 비결 ②: 다량의 산 소 를 저장하는 근육

4 문단 향유고래의 잠수 비결 ③: 크기가 작고 탄력성이 우수한 폐

5 문단 향유고래의 잠수 비결과 향유고래를 위한 바람

✎주제 향 유 고 래 의 잠수 비결

10 홈스, 모자 주인을 추리하다

본문 44~45쪽

- **1문단** 홈스를 찾아갔다가 주인을 찾아 달라며 맡겨진 모 자 를 발견한 왓슨
- **2문단** 모자를 살펴보았지만 아무것도 알아내지 못한 왓 슨
- **3문단** 모자를 보고 모자 주 인 에 대해 추리한 내용을 말하는 홈스
- **4문단** 홈스가 모자 주인에 대해 추리한 근거 ①
- **5문단** 홈스가 모자 주인에 대해 추리한 근거 ②

주제 홈스가 모자 주인에 대해 추 리 한 이야기

11 어서 와, 경주는 처음이지

본문 48~49쪽

- **1문단** 다양한 문화유산이 남아 있는 경 주
- **2문단** 신라의 고분이 모여 있는 대 릉 원
- **3문단** 동양에서 가장 오래된 천문대인 첨 성 대
- **4문단** 신라의 불교문화를 엿볼 수 있는 불 국 사 와 석굴암
- **5문단** 성덕 대왕 신종, 천마총 금관 등의 유물을 볼 수 있는 국립 경주 박 물 관

주제 신 라 의 역사를 보여 주는 경주의 다양한 문화유산

12 터져야 제맛, 팝콘

본문 52~53쪽

- **1문단** 팝콘을 만들 때 쓰는 폭 립 종 옥수수
- **2문단** 뻥튀기를 만들 때 쓰는 납 질 종 옥수수
- **3문단** 옥수수 알갱의 수분이 기 체 로 변하면서 만들어지는 팝콘
- **4문단** 폭립종 옥수수를 가 열 할 때 옥수수 알갱이에 생기는 변화
- **5문단** 옥수수 알 갱 이 의 모양에 따라 달라지는 팝콘의 모양

주제 팝 콘 이 만들어지는 과정 및 팝콘 모양에 영향을 주는 요소

실력 확인

13 일코노미를 아시나요
본문 56~57쪽

1 문단 [1][인] 가구가 늘고 있는 우리 사회와 일코노미의 대두

2 문단 [일][코][노][미]의 뜻과 1인 가구가 경제에 미치는 영향

3 문단 일코노미가 우리 [경][제]에 가져온 변화

4 문단 일코노미로 생겨난 [신][조][어]

5 문단 1인 가구에 대한 전망과 앞으로의 과제

주제 일코노미가 우리 경제에 미치는 영향 및 [1][인][가][구]에 대한 전망

14 구름은 일기 예보관
본문 60~61쪽

1 문단 남동풍이 불도록 하여 전투에서 승리한 [제][갈][공][명]

2 문단 [구][름]의 뜻과 구름이 잘 생기는 조건

3 문단 모양과 [높][이]에 따라 나뉘는 구름의 종류

4 문단 예로부터 [날][씨]를 예측하는 도구로 쓰인 구름

5 문단 구름을 보고 날씨를 [예][측]한 제갈공명

주제 날씨를 예측하는 도구로 쓰인 구름의 특징과 [종][류]

15 저작권 침해, 범죄일까
본문 64~65쪽

1 문단 [저][작][권]의 뜻과 저작물에 포함되는 것들

2 문단 저작권 침해 사례 ①: 다른 사람의 [저][작][물]을 자신의 것처럼 사용하는 경우

3 문단 저작권 침해 사례 ②: 자신이 구매한 저작물을 저작권자의 [허][락] 없이 퍼뜨리는 경우

4 문단 저작권 침해 사례 ③: 다른 사람의 조사 및 연구 결과를 왜곡하거나 [과][장]하는 경우

5 문단 저작권을 보호하는 방법과 보호해야 하는 이유

주제 저작권 [침][해] 사례 및 저작권 보호 방법

16 노극청과 현덕수 이야기

본문 68~69쪽

1문단 살림이 어려워져 집을 팔려고 내놓은 [노][극][청]

2문단 집을 비싸게 팔았다며 [아][내]를 꾸짖는 노극청

3문단 [현][덕][수]를 찾아가 은 세 근을 돌려주는 노극청

4문단 거절 끝에 은 [세] 근을 돌려받은 현덕수

5문단 돌려받은 은 세 근을 절에 [시][주]한 현덕수

주제 노극청과 현덕수의 올곧은 [성][품]

17 1인 미디어 전성시대

본문 72~73쪽

1문단 미디어 환경의 변화와 [1][인] 미디어의 뜻

2문단 1인 미디어의 등장 배경과 발전 과정

3문단 1인 미디어의 [특][징]

4문단 1인 미디어의 [한][계]

5문단 1인 미디어의 [발][전] 방안

주제 [1][인][미][디][어]의 특징과 한계 및 발전 방안

18 1대 29대 300의 법칙

본문 76~77쪽

1문단 전 세계 곳곳에서 일어나는 [대][형] 사고

2문단 1:[2][9]:300의 법칙이라고도 불리는 하인리히 법칙

3문단 무시하고 [대][처]를 미루면 결국 대형 사고로 이어지는 사소한 징후들

4문단 대형 사고로 이어지는 사고 요인을 없애면 끊을 수 있는 사고의 [연][결][고][리]

5문단 [개][인]의 삶에까지 적용되는 하인리히 법칙

주제 [하][인][리][히] 법칙을 바탕으로 한 사고 방지 방법

실력
확인
94쪽

19 임진왜란 때문에 바뀌었어

본문 80~81쪽

- **①문단** 임진왜란의 과정과 결과
- **②문단** 임진왜란 이후 농 사 법 의 변화
- **③문단** 임진왜란 이후 상 업 과 수공업의 발달
- **④문단** 임진왜란 이후 신 분 제 의 변화
- **⑤문단** 임진왜란 이후 식 생 활 의 변화

주제 임 진 왜 란 이후 조선에 나타난 다양한 변화

20 미터법의 탄생

본문 84~85쪽

- **①문단** 물건을 측정하기 위해 사용한 신 체 부위를 이용한 단위
- **②문단** 나 라 별 로 다른 단위
- **③문단** 18세기 프랑스에서 제정한 후 국 제 단 위 가 된 미터법
- **④문단** 미터법의 기본 단위인 미 터 , 제곱미터, 리터, 킬로그램
- **⑤문단** 단위 통 일 의 중요성과 미터법의 사용 현황

주제 미 터 법 의 탄생 배경 및 기본 단위

visang

시작부터 남다른 한끝

한끝이 반이다

교과서 학습부터 평가 대비까지 한 권으로 끝!

3100만 권 돌파

• 깔끔한 개념 정리로 교과서 **핵심 내용이 머릿속에 쏙쏙**
• 알기 쉽게 풀어 쓴 용어 설명으로 **국어·사회 공부의 어려움을 해결**
• 풍부한 사진, 도표, 그림 자료로 **어려운 내용도 한번에 이해**
• 다양하고 풍부한 유형 문제와 서술형·논술형 문제로 **학교 시험도 완벽 대비**

초등 국어 1~6학년 / 사회 3~6학년

한끝

완자·공부력·시리즈 매일 4쪽으로 스스로 공부하는 힘을 기릅니다.

대표전화 1544-0554
주소 서울특별시 구로구 디지털로33길 48 대륭포스트타워 7차 20층
협의 없는 무단 복제는 법으로 금지되어 있습니다.